Erich Glagau

DIE GRAUSAME BIBEL

Copyright Dezember 1991 by

Verlag Werner Symanek • Postfach 5 44 • W-4390 Gladbeck • (02043) 3 47 56

Alle Rechte vorbehalten

ISBN 3-927773-04-2

Inhalt

Über die Herkunft des Alten Testaments	5
Das Alte Testament (Die Bücher Moses)	12
Neue Gesetzestafeln - Neuer Bundschluß	39
Das Buch Josua	58
Das Buch der Richter	64
Das Buch Ruth	71
Das erste Buch Samuel	71
Das zweite Buch Samuel	76
Das erste Buch der Könige	83
Das zweite Buch der Könige	87
Die „Propheten" Esra und Nehemia	94
Das Buch Esther	96
Das Buch Hiob	98
Auch bei den Psalmen	98
Die Sprüche Salomons	102
Der „Prophet" Jesaja	103
Der „Prophet" Jeremia	113
Die Klagelieder Jeremias	117
Der „Prophet" Hesekiel	118
Der „Prophet" Daniel	122
Der „Prophet" Hosea	122
Der „Prophet" Joel	122
Der „Prophet" Amos	122
Unter Obadja	123
Jona	123
Bei Micha	123
Auch bei Nahum	123
Bei dem „Propheten" Zephania	124
Sacharja	124
Maleachi	125
Schlußfolgerung	125

> *Dieses Buch ist vor Drucklegung dahingehend geprüft worden, daß weder Inhalt noch Aufmachung irgendwelche BRD-Strafgesetze verletzten oder sozialethische Verwirrung unter Jugendlichen auslösen.*

DIE GRAUSAME BIBEL
Das Alte Testament
Die grausame Bibel - Der Bibel-Wahnsinn - Sexualität und Gewalt

Die Bibel soll das meistgekaufte Buch der Welt sein. Es gibt kaum eine christliche Familie, in deren Besitz es nicht ist. Wenn man nach diesem Buch fragt, kommt die Antwort gewöhnlich mit einem frommen Augenaufschlag. Wenn man aber weiter fragt, ob man auch darin gelesen habe, so läßt die Verlegenheit vermuten, daß die Kenntnisse nur sehr, sehr dürftig sind, wenn überhaupt.

Gern wären wir bereit, über Religion grundsätzlich zu sprechen. Und es wäre schon sehr wichtig, die übliche Verklemmung zu überwinden und zur Natürlichkeit zurück zu finden. Aber das wäre ein ganz anderes Thema.

Wir möchten den vielen „Kirchensteuer-Christen" ihr eigenes „Grundgesetz" näherbringen, damit sie erkennen, hinter welcher Fahne sie herlaufen. Sollten darunter auch Freunde von Kriminalromanen sein, so versprechen wir, sie werden voll auf ihre Kosten kommen. Das „Wort Gottes" steckt voller Leichen.

Die Bibel wird gerade von ihren eigenen Anhängern gern als „Gottes Wort" oder als „Heilige Schrift" bezeichnet.

Aber haben Sie sich einmal die Frage gestellt, woher die Bibel überhaupt kommt? Wie alt sie ist? Wer sie geschrieben hat? Und wer diese ersten Texte lesen konnte?

*

Über die Herkunft des Alten Testaments

Friedrich Tudichum, Professor des Kirchenrechts an der Universität Tübingen, bringt in den Bänden 1 und 2, die 1898 und 1906 in Stuttgart und Leipzig herauskamen, unter „Kirchliche Fälschungen" eine Streitschrift, die Gotthold Ephraim Lessing im Jahre 1778 gegen den Hauptpastor Goeze in Hamburg verfaßt hat. Er schreibt:

„Nun ist erwiesen und ausgemacht, daß die ältesten und angesehensten Kirchenväter einen Betrug, der in guter Absicht geschieht, für keinen Betrug gehalten und diese nämliche Denkungsart den Aposteln beizulegen sich kein Bedenken gemacht haben. Wer diesen Punkt von einem unverdächtigen Theologen selbst belegt und aufs Reine gebracht lesen will, der lese Ribos Programm „Von der Taktik der Kirchenväter und der Art zu disputieren zur Politik" (Heilsordnung): Daß die Kirchenlehrer und die Vorsteher der christlichen Gemeinden es für durchaus erlaubt hielten, Listen zu ersinnen, ... unter die Wahrheit zu mischen und zumal die Feinde des Glaubens zu betrügen, wenn sie dadurch nur der Wahrheit Vorteil und Nutzen brächten."

Dieses ist den gelehrten Theologen bekannt, aber den Laien und vielen „Geistlichen" völlig unbekannt!

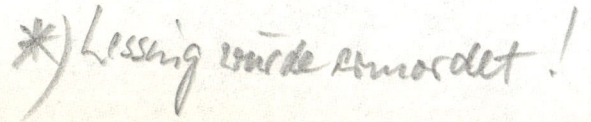
*) Lessing wurde ermordet!

Die Kirchenlehrer sind bei diesem Verfahren in der glücklichen Lage, sich auf die Bibel und die in ihr empfohlenen Wege zu berufen. *Römer 3, 7:*

„Denn so die Wahrheit Gottes durch meine Lüge herrlicher wird zu seinem Preis, warum sollte ich dennoch als ein Sünder gerichtet werden?"

Nach 2. *Chronika*, 18 geht mit Erlaubnis Jahwehs der Lügengeist in die Welt:

19: „Und Jahweh sprach: Wer will Achab den König von Israel betören, daß er zu Felde ziehe und bei Ramot in Gilead falle?"

20: „Da trat der Geist hervor, stellte sich vor Jahweh und sprach: Ich will ihn betören! Jahweh aber fragte ihn: Womit?"

21: „Da antwortete er: Ich will ausgehen und zum Lügengeiste werden in aller seiner Propheten Munde! Er aber sprach: Du magst betören und wirst es auch vollbringen! Gehe aus und tue also!"

22: „Und nun - siehe, Jahweh hat in den Mund dieser seiner Propheten einen Lügengeist gelegt, während Jahweh doch Unheil über dich geredet hat."

König Achab fällt in der Schlacht, weil er dem Lügengeist, den Jahweh in die Welt geschickt hat, gehorchte.

Lessing hat recht, wenn er in seinen von Tudichum angeführten Schriften schreibt:

„Worte und Handlungen liegen nicht so weit auseinander als man insgemein glaubt. Wer fähig ist, eine Schriftstelle wider besser Wissen und Gewissen zu verdrehen, ist zu allem anderen fähig: kann falsch Zeugnis ablegen, kann Schriften unterschieben, kann Tatsachen erdichten, kann zur Bestätigung derselben jedes Mittel für erlaubt halten."

Die Menschen pflegen die Entstehungsgeschichten von Kunstschätzen und Urkunden sehr wichtig zu nehmen und dies all denen mitzuteilen, die in gleicher Verehrung den Wertgegenständen gegenüberstehen. Juden und Christen sehen im Alten Testament die unmittelbare Gottoffenbarung, das Wort Gottes, und es gibt nichts in der ganzen Welt, dessen Alter und Entstehungsart für sie wichtiger sein könnte. Um so erstaunlicher ist die Tatsache zu erkennen, daß **den Menschen hier nicht nur das Wichtigste verschwiegen wird, sondern daß ihnen völlig Unsinniges erzählt wird.**

Es ist weiterhin erstaunlich, wie Juden und Christen, die an einen persönlichen Gott glauben, der alle Dinge und Ereignisse nach seinem Willen lenkt, so unehrerbietig dem Werk ihres Gottes gegenüberstehen, daß sie an dem Zeitalter und der Art der Entstehung des Buches der Bücher Verbesserungen vorzunehmen sich erdreisten. Sie vorenthalten ihren Gläubigen ganz einfach bestimmte Tatsachen und pfuschen damit ihrem eigenen Gott unverschämt ins Handwerk.

In der Kindheit wurde uns gelehrt, daß das Alte Testament zu den ältesten Religionsbüchern der Erde zählt. Man verschwieg uns die Wahrheit! Von allen Religionen, die vor unserer Zeitrechnung entstanden und deren Glaubensgehalt in Büchern niedergelegt ist, ist die jüdische Religion im Alten Testament bei weitem die allerjüngste.

Die theologischen Gelehrten von großem Wissen schweigen sich über diese Tatsache aus! Das Buch eines großen christlichen Gelehrten, des Engländers Stewart Roß, der sich aber vom Christentum abwandte, verdanken wir, daß über Entstehungszeit und -art des Alten Testaments etwas an die Öffentlichkeit kam. Leider wurde durch eine interessierte Clique alles unternommen, diese sensationellen Enthüllungen totzuschweigen. Seine „Jehowahs gesammelten Werke" wurden mit großem Eifer vom Markt weggekauft. Der Mann starb völlig verarmt in London im Jahre 1906.

Zunächst soll die Bibel selbst der beste Lehrmeister sein. Im *5. Mos. 31, 26* wurde den Juden über die Aufbewahrung der 5 Bücher Moses folgendes mitgeteilt:

„Nehmet das Buch dieses Gesetzes und leget es an die Seite der Lade des HERRN, eures Gottes, daß es daselbst ein Zeuge sei wider dich." Bis zu diesem Zeitpunkt hatten in der Lade nur die beiden Steintafeln mit den zehn Geboten, die auf dem Sinai von Moses in Steine geritzt waren, gelegen.

Das Alte Testament meldet von dem strengen Verbot, je in diese Lade hineinzusehen.

So wurde - nach der Bibel - über Jahrhunderte hindurch von keinem Menschen das Buch gesehen. Der Hohepriester sprach statt dessen mit Jahweh selbst, wenn er sich von Zeit zu Zeit auf der Bundeslade auf den Flügeln der bocksbeinigen Cherubim im finsteren Allerheiligsten des Tempels niederließ.

Erst unter König Salomo wurde die Bundeslade geöffnet, und siehe da, die einzige unmittelbare Gottoffenbarung auf dieser Erde in jener Zeit, der „Pentateuch", die „Thora", die fünf Bücher Moses mit der Schöpfungsgeschichte, der Geschichte der Juden bis zu Moses Tod, mit den Gesetzen Moses einschließlich aller im Lande Moab gegebenen, waren überhaupt nicht mehr drin. Das Buch der Bücher war auf irgendeine Weise verschwunden!

1. Könige 8:

6: „Also brachten die Priester die Lade des Bundes Jahwehs an ihren Ort, in den Chor des Hauses, in das Allerheiligste unter die Flügel der Cherubim ..."

9: „Und war nichts in der Lade denn nur die zwei Tafeln des Moses, die er hineingelegt hatte am Horeb, da der HERR mit den Kindern Israel einen Bund machte, da sie aus Ägypten gezogen waren." **Die Lade selbst mit seinem Inhalt verschwand später völlig.**

Es sind keine böswilligen Behauptungen der Nichtchristen, nein, die Bibel selbst teilt also mit: Das „Wort Gottes" ist verschwunden! Und eine Abschrift gab es nicht! Wo aber die zwei Tafeln mit den zehn Geboten sind, das sagt uns die Bibel auch nicht!

Fragen wir nun: wie alt ist das Alte Testament abzüglich der zwei Steintafeln mit den zehn Geboten, so meldet uns die Bibel sehr erstaunliche weitere Schicksale. Auch hierüber wurde im Religionsunterricht nichts gesagt.

Stewart Roß schreibt:

„Während weiterer 350 gottverlassener Jahre mußte die Menschheit zusehen, wie sie ohne die Werke Moses fertig wurde. 350 Jahre nach jenem Tage, da man zu Salomos Zeiten die Lade öffnete und „kein Buch des Gesetzes" darin fand, sprach der Hohepriester Hilkia zu dem Schreiber Saphan:

„Ich habe das Gesetzbuch gefunden im Hause des HERRN. Und Hilkia gab das Buch Saphan, daß er es läse." *(2. Könige 22, 8)*

So mir nichts dir nichts wird also nach 350 (!) Jahren das „Wort Gottes" gefunden. Keiner fragte, wie und wo es gefunden wurde. Während sonst alles so ausführlich und in Wiederholungen bis in jede unwichtige Einzelheit geschildert wird, verliert man über diese so überaus wichtige Frage kein Wort. Der Hohepriester sagt es weder dem Schreiber Saphan noch dem König Josia. Und noch seltsamer: Der König, auf den das Buch einen überwältigenden Eindruck machte, daß er seine Kleider zerriß, fragt ebenfalls nicht, wann und wo das „Wort Gottes" gefunden wurde. Man lese und staune: *(2. Kön. 22, 14)*: „Da gingen Hilkia, der Priester, Ahikam, Achbor, Saphan und Assia zu der Prophetin Hulda, dem Weibe Sallums, des Sohnes Thikwas, des Sohnes Harhas, des Hüters der Kleider, und sie wohnte zu Jerusalem im anderen Teil und sie redeten mit ihr."

Der Eindruck auf die Weissagerin ist erschütternd. Sie lobt nicht Hilkia und das Volk, sie flucht dem Fundort und dem Volk und dem Finder, weissagt dann dem König eine andere Todesart als das nächste Kapitel meldet und gilt dennoch als bewährte Zeugin dafür, daß Hilkias Fund wirklich das „Wort Gottes" war.

Nach der ersten Katastrophe des Verlusts sollte man meinen, daß die Juden alles getan haben dürften, um diese Kostbarkeit gesichert aufzuheben. Nein, das „Buch der Bücher" geht wieder verloren. Es ist wieder nicht mehr da und muß etwa 150 Jahre später - so um das Jahr 450 vor Beginn unserer Zeitrechnung - ganz neu geschaffen worden sein!

Stewart Roß schreibt:

„... Esra scheint das Buch in seinem eigenen Kopf aufgestöbert zu haben. Nach der Rückkehr von der 70jährigen Verbannung an den Wassern Babels, sah Esra die Notwendigkeit ein ... Alles zu schreiben, was in der Welt geschehen ist von Anfang an, alle Dinge, die in Deinem Gesetz geschrieben wurden, damit die Menschen Deinen Weg finden."

Damit stehen wir vor der überraschenden Tatsache, **daß das Alte Testament in seiner ältesten Quellenschrift, der von Esra, 1.000 Jahre jünger ist als die Bücher Moses** und andere Religionsbücher der großen vorchristlichen Religionen.

Auch der Bibelleser kann diese Tatsache keineswegs der Bibel entnehmen. Sie wird wohlweislich verschwiegen!

In den Büchern der Fachleute, so bei Kautzsch, in seinem Buch „Die Heilige Schrift des alten Testaments in Verbindung mit Professor Budde" (und weiteren 9 Professoren), **erfahren wir, daß die Pentateuchkritik erst im Jahre 1775 endgültig festgestellt hat, daß die Bücher Moses nicht von Moses, nein, erst im 5. Jahrhundert vor Christus niedergeschrieben wurden!**

8

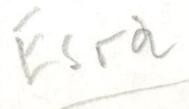

Aber immerhin lebte man ja im 18. Jahrhundert - und jetzt im 20. Jahrhundert. Man hätte uns diese Tatsache also mitteilen müssen! Im Buch Esra verschweigt Esra seine gewaltige Leistung. Aber die Forscher melden uns, daß die übliche Übersetzung in Esra 7 Vers 12 falsch sei. Es heißt nicht „Esra, dem Priester und Schriftgelehrten", sondern „Esra dem Priester und Schreiber".

Aber weit wesentlicher ist, daß die Kirchenväter der frühesten Jahrhunderte ganz besonders stolz auf die Bibelentstehung sind und berichten, daß Esra das „Wort Gottes" ganz neu und aus dem Kopf niederschrieb.

Als Zeugen hierfür zitiert Roß Clemens von Alexandrien:

„In der Gefangenschaft Nebukadnezars waren die Schriften zerstört worden und zu Zeiten des Artaxerxes, Königs von Persien, prophezeite Esra, der Levite, welcher inspiriert worden war, die Herstellung aller alten Schriften."

Und der heilige Tertullian schreibt:

„Nachdem Jerusalem durch die babylonische Belagerung zerstört worden war, scheint jedwede Urkunde jüdischer Literatur von Esra wiederhergestellt worden zu sein."

Es gibt noch weitere Zeugen für diese Ansichten: Irenäus, Hieronymus, Basilius, Chrysostomus, Athanasius, Leo Bycantinus und andere Kirchenväter.

Von dem heiligen Tertullian stammen übrigens folgende Zitate: **„Ich glaube, daß Gottes Sohn zur Erde kam, weil es sinnlos ist"** und „ich glaube, daß Gottes Sohn von den Toten auferstanden ist, **weil es unmöglich ist."**

Damals war man also noch stolz auf das „Wunder", daß Esra das Alte Testament mit fünf Schreibern in 40 Tagen aus dem Kopf schrieb. Erst später verschwieg man das lieber restlos und lehrte uns, daß die 5 Bücher Moses des Alten Testaments das „ehrwürdige Alter von 2.300 Jahren haben" und von Moses, abzüglich der Beschreibung seines Todes, selbst geschrieben seien!

Die Fragwürdigkeit des Alters des Alten Testaments bezeugt Kautzsch:

„Es ist besonders nicht nachzuweisen, ob unserer ältesten Quellenschrift nur mündliche Überlieferung zur Verfügung stand oder schon Aufzeichnungen."

Und der Theologe Dr. Irons, Domherr der St.-Pauls-Kathedrale in London, sagt:

„So müssen wir doch zugeben ..., daß wir uns in Wirklichkeit auf nichts anderes stützen, als auf die ungeheure Begabung der Schreiber in Esras Tagen - Talente und Inspirationen, welche bis jetzt nur eine Hypothese sind, von der uns der eigene Besitzer (Esra im Buche Esra) nicht ein einziges Wort erzählt! So räumen wir unfehlbar ein, daß die Literaturgeschichte des Alten Testaments vor Esra verloren ist."

So sprachen die gelehrten Theologen unter sich. Von der Kanzel „predigte" der Domherr zur Ehre Gottes weiter, daß das „Wort Gottes" 1450 Jahre vor Christus von Moses niedergeschrieben und treulich aufbewahrt worden sei bis auf den heutigen Tag.

Noch überraschender für den Bibel-Leser wird aber die Tatsache sein, daß diese verhältnismäßig junge Quelle, in der ein jüdischer Schreiber über Ereignisse berichtet, die viele tausend Jahre vor seiner Geburt geschahen und als jüngste Ereignisse diejenigen niederschrieb, die mehr als tausend Jahre vor ihm, zu Moses Zeit, sich zugetragen haben sollen. Dabei umfassen sie noch nicht einmal die 5 Bücher Moses! Die schriftlichen Aufzeichnungen der Psalmen, Propheten und anderer Bücher des Alten Testaments, ja auch wichtige Teile des Pentateuchs selbst sind also noch jünger als Esra! Kauztsch schreibt:

„Das Gesetzbuch Esras war nicht der heutige Pentateuch. Denn es wäre ganz widersinnig, ja undenkbar gewesen, das priesterliche Gesetz, auf das Esra alles ankam, mit einer Fülle andersartiger Gesetze und Berichte zu verschweißen."

Das Staunen nimmt kein Ende. *Nehemia* berichtet in *Kapitel 8 - 10*, daß Esra auf der „breiten Straße" dem Volk tagelang aus dem Buch Gottes vorliest, und es wird ausdrücklich gesagt, daß das Volk „alles verstand". Tatsache ist dagegen, daß die Juden zur Zeit Esras die hebräische Sprache überhaupt nicht mehr kannten, sie konnten sie weder sprechen noch lesen. Es ist weiter Tatsache, daß das Buch Gottes, das Esra aus dem Kopf niederschrieb, in *althebräischen Buchstaben* geschrieben ist!

Es ist eine ungeheuerliche Tatsache, daß diese älteste Bibel eine ganz erstaunliche Beschaffenheit hat. Sie ist nicht in Kapitel und Verse eingeteilt! Diese Einteilung wurde erst im Mittelalter vorgenommen. Sie ist aber auch nicht in Sätze abgeteilt! Ja, noch nicht einmal in Worte! Sie enthält auch keine Vokale, also Selbstlaute! Sie enthält auch keinerlei Hinweise oder Andeutungen, wo irgendwelche Vokale hinzuzulesen seien. Nein, die Esra-Bibel war eine **Aneinanderreihung von Zeichen für Konsonanten ohne jede Wort- oder Satzabteilung!"**

Um uns diese erschreckende Erkenntnis besser vor Augen zu führen, führt Roß ein Abbild des Verses 5. *Moses 6, 2* als klares Bild dieser Quelle vor:

Damit der Leser sich vorstellen kann, in welcher „Klarheit und Eindeutigkeit" die älteste Bibel von Esra geschrieben war, wird derselbe Vers (*5. Mos. 6, 2*) mit all den Konsonanten des deutschen Textes nach der Lutherübersetzung wiedergegeben:

„dßddnhrrdnngttfrchtstndhltstllsnrchtndgbtdchdrgbtdnd

dnkndrnddnkndskndrllrlbtgfdßhrlnglbt".

So sieht also die Quelle des „Wortes Gottes" aus, an dem, wie im Neuen Testament steht, nach Jesu Willen, „kein Buchstabe noch Tüpfelchen" fallen darf, „solange die Erde steht, bis daß alles erfüllt ist".

Jedem Leser bleibt es überlassen, eigene Versuche zu unternehmen, Vokale unterschiedlich und vielfältig einzufügen, um sich einen xbeliebigen Text zu erarbeiten.

Wer sich diese Arbeit ersparen will, höre, was der berühmte Apologet, Professor Moses Stuart schreibt:

„In den hebräischen Manuskripten, welche untersucht wurden, kommen in Bezug auf die hebräischen Konsonanten tatsächlich 800.000 verschiedene Lesarten vor; wieviele betreffs der Vokale und Akzente, das weiß niemand."

Aus der eigentlichen Quelle mit der Möglichkeit der millionenfachen Deutung der Bibel wurden im Laufe der Jahrhunderte bis ins 11. Jahrhundert des Mittelalters Veränderungen vorgenommen in Form einer hebräischen Schrift, die keine millionenfache Deutung mehr zuließ.

Angesichts dieser erschütternden Tatsachen begreift der Leser das eiserne Schweigen über Alter, Entstehungsart und Beschaffenheit des Alten Testaments.

Die Christen der ersten Jahrhunderte konnten sich die Entstehung des Alten Testaments mit einem eindeutigen griechischen Text nur als ein Wunder Gottes erklären.

Die Theologen melden darüber, daß dieser älteste Text des gesamten Alten Testaments im vierten Jahrhundert in letzter Überarbeitung durch den Märtyrer Lucian, der 311 starb, den Märtyrer Hesychus und durch Origenes in seiner Hexapla vollendet wurde.

So steht die Bibel erstmals um das Jahr 300 nach Jesus „fest" auf ihren unsicheren Beinen!

Die ersten Christen hielten dies für ein Wunder, was die kritische Theologie unserer Zeit nicht mehr wagt. Aber die nichtkritische Theologie, das Heer der Kanzelredner, erfährt im Seminar noch das früher geglaubte schöne Wunder.

Man weist auf einen sogenannten Aristeas-Brief hin, in dem gemeldet wird, daß unter König Ptolomäus II. Philadelphus (285-247 v. Chr.) 72 jüdische Dolmetscher auf der Insel Pharus bei Alexandria vom König zusammengerufen wurden; sie hätten dort die 5 Bücher Moses ins Griechische übersetzt. Auch heute noch steht im Lexikon diese Erklärung über die Septuaginta.

Unter dem Wort „Aristeas" steht in unserem Lexikon nichts; aber es gibt ältere, da heißt es: Der Aristeas-Brief sei Jahrhunderte nach seinem Tode geschrieben. Mit anderen Worten: er ist eine Fälschung!

Es stimmen jedoch die theologischen Forscher darin überein, daß zunächst nur am Pentateuch, also den Büchern des Moses „übersetzt" worden sei. Alle übrigen Bücher fallen in eine weit jüngere Zeit und wurden, wie gesagt, erst 300 Jahre nach Christus „fertig".

Den Theologen gefällt diese Erkenntnis nicht, sie wünschen sich die vollständige „Übersetzung" in eine vorchristliche Zeit.

Drei sich an Wunder übertreffende Heilige sind daher erwünschtere Zeugen. Unter ihnen ragt Justinus Martyr hervor. Stewart Roß schreibt:

„... Justinus Martyr ist eine große Autorität in Bezug auf die Septuaginta. Er erzählt, König Ptolomäus von Ägypten habe siebzig Männer in siebzig einzelne Zellen einschließen lassen und ihnen befohlen, die Bibel zu übersetzen, ohne sich untereinander zu verständigen. Als die siebzig Übersetzungen fertig waren, wurden sie genau miteinander verglichen, und es stellte sich heraus, daß sie übereinstimmten. Alle Wörter und alle Buchstaben waren in jeder Übersetzung dieselben."

Eine wahre Attraktion ist die Behauptung seiner Beweisführung:

„Justinus Martyr stützt die göttliche Wahrheit durch die Versicherung, daß er mit eigenen Augen die Kammern sah, in welchen die siebzig Schreiber gesessen hätten. Nebenher teilt er uns mit, daß es Herodes, König der Juden, war, welcher diese siebzig heiligen Schreiber zum Ptolomäus sandte. Nun starb aber Ptolomäus dreihundert Jahre, bevor Herodes geboren wurde!

Jetzt gibt es allerdings für jeden noch gläubigen Christen keine Zweifel mehr: Wenn ein Mensch, der mehr als 300 Jahre nach dem gemeldeten Ereignis lebte, die 70 Zellen sah, wie sollten die Zellen nicht beweisen, was Wunderbares darin geschehen ist!" Aber **wir begreifen die Ehrfurchtlosigkeit der Juden und Christen nicht, die all diese dreisten Behauptungen unwidersprochen hinnehmen.** Allein, weil sie es gewöhnt sind? Oder verfolgt man bestimmte Ziele? Das wird es sein! Und die große Zahl der Mitläufer nimmt kein Ende ...

*

Das Alte Testament
Gewalt ohne Ende!

Schon lange hatte Kain einen Groll gegen Abel. Es paßte ihm nicht, daß sein Bruder beim Hüten seiner Schafe so ausgeglichen und zufrieden wirkte.

Während Kain mühsam seinen Acker bestellte und er auch oft genug vom Unkrautjäten die Hände voller Distelstacheln hatte und seinen Rücken nur unter Ächzen strecken konnte, war er besonders wütend, wenn er den Bruder Abel mit seinen Schafen und Hunden sah, die ihm auch noch ein gut Teil seiner Arbeit abnahmen.

Als wieder einmal Abel gerade seinen Mittagsschlaf hielt und seinen Kopf an einen Stein gelegt hatte, schlich sich Kain, mit einem dicken Zedernknüppel bewaffnet, heran. Die Treiberhunde hatte er mit zwei schönen Hammelknochen hinter einen Feigenbaum gelockt. Und nun konnte er seinen Plan ausführen. Von hinten pirschte er sich zu seinem Bruder vor und versetzte ihm einen solch wuchtigen Schlag, daß Abels Schädel zersprang. *(1. Mos.4)*

Er wollte noch zu einem zweiten Schlag ausholen, aber dann sah er diesen grausamen Erfolg und ließ zufrieden seine Keule sinken.

Verehrte Leser, Sie kennen in etwa diese Geschichte von Kain und Abel. Vielleicht läßt Sie dieser klassische Mord deshalb kalt, weil er in der Bibel steht? Bleiben wir beim Text der Bibel!

Gott hatte sich die Sache mit der Erschaffung der Menschen leichtgemacht. Mit Adam und Eva war das Problem scheinbar gelöst. (Daß es so niemals gewesen sein kann, weiß heute jeder Mensch.) Die beiden hatten zuerst zwei Kinder, Kain und Abel. Nachdem der eine ermordet war, blieb nur Kain übrig. *(1. Mos. 3)*

Eines Tages, es wird wahrscheinlich im Winter gewesen sein als die Feldarbeit ruhte, nahm sich Kain eine Frau und schwängerte sie. *(1. Mos. 4)* Da es laut Bibel außer Eva keine andere Frau gab, muß er also nach dem Verbrechen an Abel sich auch an seiner Mutter vergangen haben.

Aber, wer weiß, vielleicht sehen wir das heute nur so eng. Jedenfalls entstand aus dieser Verbindung Hennoch. Und dieser zeugte Irad. *(1. Mos. 4)* Ja, wo er die dazugehörende Mutter nahm, das sagt uns die Bibel auch nicht. War es wohl seine Großmutter, die gleichzeitig seine Mutter war?

Es besteht aber auch die Möglichkeit, daß es seine Schwester oder Nichte gewesen sein kann oder seine Cousine, denn von Frauen wird gar nicht gesprochen. Andererseits könnte Adam später noch eine Tochter gehabt haben. Dann hätte Irad es mit seiner Tante getrieben?

In diesem Sinne verlief die Vermehrung. Wer mit wem, ist nun nicht mehr so interessant.

*

Jetzt geht es wieder mit „wer gegen wen" weiter. Da hat der Lamech seinen Weibern - hier ging das schon mit der Vielweiberei los - erzählt, *(1. Mos. 4)* daß er, weil ihm ein anderer aus Versehen auf den Fuß getreten hat, diesen kaltblütig mit einem scharfen Stein die Kehle durchschnitt und einen weiteren, weil er von diesem beim Ringkampf eine Beule verpaßt bekam, von hinten mit einem Speer erstach.

Aber das allein reichte diesem Strolch noch nicht. Er klopfte auch noch kräftig Sprüche. Er sagte: „Kain soll siebenmal gerächt werden, aber Lamech siebenundsiebzigmal!" Und seine Weiber zitterten vor diesem „gütigen" Menschen. *(1. Mos. 4)*

Adam muß seiner Eva diesen Fehltritt verziehen haben, denn sie gebar ihm einen Versöhnungssohn.

Vermutlich hat es doch mehr Mädchen gegeben; erwähnt werden aber nur die Söhne. (Die Grünen und Emanzen werden wenig Freude an diesem sogenannten Urtext haben.)

Intersssant sind auch die Altersangaben der „Urväter": Adam hatte mit 130 Jahren einen Sohn gezeugt und wäre mit 930 Jahren gestorben. *(1. Mos. 5)*

Seth zeugte noch mit 105 und wurde 912 Jahre alt.

Enosch wurde 905, Kenan 910, Lamech 777 Jahre alt.

Mit ähnlichen Angaben erscheint eine ganze Reihe von Nachkommen. Allerdings muß man vermuten, daß jedes Mal eine Kommastelle zuviel angegeben wird. Da fing also das Übertreiben schon an. Wenn man jedoch die Kommastelle beim Zeugungsalter berücksichtigt, dann müßte es sich durchweg um frühreife Früchtchen gehandelt haben.

In dieser Zeit hat nun Noah, dieser Superaufschneider, seinen Auftritt. Von dem wird berichtet, er habe ein Schiff gebaut, welches einen japanischen Super-Tanker nur als Spielzeug erscheinen läßt. Er soll darin nicht nur seine Familie, sondern von allen Tieren je ein Paar aufgenommen haben. *(1. Mos. 5)* Daß diese Leute doch das Angeben nicht lassen können! Der ist ja schlimmer als der amerikanische Polar-Forscher Peary, der vorgab, als Erster zu Fuß den Nordpol überquert zu haben. Ihm kam man nach fünfzig Jahren auf die Schliche. Noah aber wird immer noch als Super-Reeder gehandelt. Da sieht man, was eine gute Lobby wert ist!

Dazu kommt, daß er im Alter von fünfhundert Jahren nacheinander drei Söhne gezeugt haben will. Na, gewollt ... vielleicht!

Tröstlich ist, daß Gott es bereits um diese Zeit reute, diesen Menschen erschaffen zu haben. *(1. Mos. 6)* Denn er erkannte, daß „das Dichten und Trachten des menschlichen Herzens ist böse von Jugend auf". *(1. Mos. 8)*

Nichtsdestotrotz! Den Noah focht das nicht an. Er erklärte wie ein Marktschreier, daß ihn und seine Sippe alle Tiere auf der Erde, alle Vögel und Fische zu fürchten hätten. (Nun wissen wir auch, warum es heute so traurig mit der Natur bestellt ist!) Er und die Seinen dürften sich alles aneignen! Und vorsichtshalber drohte er alle umzubringen, die ihm an den Kragen wollten. Das hätte ihm Gott unter vier Augen zugestanden! *(1. Mos. 9)*

Und da alles widerspruchslos und staunend aufgenommen wurde, lieferte er als Beweis für Gottes Bündnis mit ihm den Regenbogen gratis. *(1. Mos. 9)*

Ein Marktschreier kennt kein Kleingedrucktes. Noah war mit seinem Umsatz zufrieden und soff sich einen an. *(1. Mos. 9)* Er war voll wie eine Strandhaubitze, so daß er es nicht merkte, völlig nackt in der Gegend zu liegen. Aber anstatt darüber zufrieden zu sein, daß einer seiner Söhne seine Scham mit einem Fell bedeckte, ließ er seinem Kater freien Lauf, verfluchte die halbe Familie und starb mit neunhundertfünfzig Jahren im Dilirium.

Als die Sippschaft weiter gen Babel zog, um dort einen Turm zu bauen, soffen sie, wie manche Leute vom Bau es heute noch aus Tradition tun, und waren voll wie tausend Mann, so daß sie ihre eigene Sprache nicht mehr verstanden. *(1. Mos. 11)*

Zur weiteren Fortpflanzung bedurfte es keiner besonderen Begabung. Sie folgten allein dem natürlichen Trieb, und das klappte hervorragend.

Im Rahmen der Behebung der Nachwuchssorgen wurde unter anderen ein gewisser Abram geboren. Nein, dies ist kein Druckfehler! Sie werden bald durchblicken. Aber vorher ist noch etwas geschehen. Und Sie werden staunen! Da wurde eine Milka geboren! *(1. Mos. 11)*

Also der Abram war schon mal da, und seine Frau hieß Sarai. Ja, auch dies ist kein Druckfehler!

Dem Abram schien es im Blut zu liegen, wie man zu etwas kommen kann. Katasterämter gab es noch nicht. Wenn man ein Stück Land haben wollte, mußte man es finden, herrenlos versteht sich. Oder man mußte es jemandem streitig machen. Aber es wurde noch eine andere Art der Bereicherung entdeckt: Das Ergaunern! *(1. Mos. 12)*

Abram benutzte dazu den alten Trick seiner Vorfahren. Er erklärte den verdutzten Nachbarn, daß Gott der HERR ihm in einem intimen Gespräch gesagt habe, daß ihm alles Land gehöre, welches er haben wolle. Und da Abram eine gewaltige Stimme und eine große Sippe mit harten Knüppeln hatte, wurde „Gottes Wort" von allen ergriffen respektiert. *(1. Mos. 12)*

Und da dieser Coup gut klappte, setzte er noch einen drauf. Er erklärte, daß er und seine Familie von Gott zum „auserwählten Volk" gemacht worden sei und niemand es wagen dürfe, es anzutasten. Egal, was es täte und wie es sich im Umgang mit anderen Völkern verhalten sollte.

Aber all die gerissenen Machenschaften konnten nicht dazu beitragen, eine Hungersnot abzuwenden. Vielleicht hatten sie sich auch zu sehr auf den lieben Gott verlassen. Und nun saßen sie da. Was blieb ihnen anderes übrig, als auszuwandern. (Wir kennen ja das mit den Schein-Asylanten aus unseren Tagen!)

Geschätzt wird, daß sie etwa im 13. Jahrhundert vor unserer Zeitrechnung nach Ägypten zogen. Und der verblüffte Bibel-Leser wird mit Erstaunen feststellen, daß es dort auch schon Menschen gab, die in ihrer Kultur weiter waren als die Hebräer. Die Ägypter hatten bereits eine Nation und neben anderen Großen einen Pharao. Die Unwahrheit mit der Entstehung der Welt nach dem 1. Buch Moses dürfte damit erwiesen sein, abgesehen vom Urteil der Wissenschaft.

Abram hatte schon soviel Lebenserfahrung, daß er wußte, eine schwierige Situation nicht ohne Einsatz meistern zu können. Da alle arm waren wie die Wüstenmäuse, blieb nur der persönliche Einsatz übrig. Nein, nicht für Abram! Er schob seine Frau vor! Er erklärte ihr, sie wollten vor den Großen Ägyptens und dem Pharao geheimhalten, daß sie Mann und Frau seien. Sie wollten so tun, als seien sie Geschwister. Kurz gesagt: Er schickte seine Frau zum Pharao als - Geliebte. *(1. Mos. 12)* Aber nicht genug, daß bei diesem Geschäft bar und sofort bezahlt wurde, erpreßte man danach den Pharao wegen Sarais Liebsdienst. Man jammerte, weinte und lamentierte solange, bis der Pharao Schafe, Rinder, Esel, Knechte, Mägde, Eselinnen und Kamele herausrückte. Kurz: Er zahlte in Naturalien. *(1. Mos. 12)*

Zufrieden sich die Hände reibend, verließ Abram mit allem Anhang Ägypten.

Als Abram wieder in seiner alten Gegend angekommen war, führte er sofort ein „Gespräch" mit Gott. Er ließ sich bestätigen, daß alles Land, welches er sehen könne, ihm auch gehören sollte. Dies wirkte wie eine Eintragung beim Grundbuchamt.

Natürlich lief nicht alles so glatt wie gewünscht. Einige Landbesitzer wollten sich nicht fügen. Aber Abram hatte die stärkeren Bataillone und Gott als seinen Feldherrn.

Ein paar Federn mußte seine Sippe doch lassen. Sein Neffe geriet in Gefangenschaft. Aber schon in der nächsten Nacht überfiel Abram seinen Widersacher, machte fast alles nieder und vertrieb den kleinen Rest bis Damaskus. (1. Mos. 14)

Da die angeblichen „Gespräche" mit Gott schon ein alter Hut waren, offerierte Abram dem erstaunten Volk eine neue Variante seiner orientalischen Märchen. Das nächste Palaver mit Gott wurde als „Offenbarung" kreiert. Denn der HERR hätte ihm gesagt: Sieh gen Himmel und zähle die Sterne! So zahlreich sollen deine Nachkommen sein. (1. Mos. 15) Und wörtlich: „Abram glaubte dem HERRN, und das rechnete er ihm zur Gerechtigkeit an." Bravo!

Und wieder wird die Landnahme (1. Mos. 15) vom göttlichen Gesprächspartner „bestätigt".

Auch wird wieder der Bund Abrams mit Gott bestätigt. (1. Mos. 15) Vielleicht war sich Abram seiner Sache doch nicht so sicher. Warum sonst diese Wiederholungen?

Und die von Gott abgesegnete Landnahme reißt nicht ab. Alles Land zwischen dem Strom Ägyptens und dem Euphrat wird auf diesem Wege annektiert. (1. Mos. 15)

Da Sarai, Abrams Frau, schon einen fortgeschrittenen Lebenswandel hinter sich hatte, wollte sie ihrem Mann auch etwas Gutes tun. Sie empfahl ihm, sich seiner Magd „anzunehmen". Und als gehorsamer Ehemann begab er sich schweren Herzens ans Werk. Es sollte ein Junge werden.

Doch Sarai packte die Reue. Rückgängig war nichts mehr zu machen. Sie stänkerte solange, bis Abram seinen Hausfrieden damit wiederherstellte, daß er die geschwängerte Magd aus dem Hause jagte. (1. Mos. 16)

(Womit in späteren Zeiten der Freund der Unterdrückten und Geknechteten, ein gewisser Friedrich Engels, Wohlfahrtsspender des Genossen Kissel Mardochai, alias Karl Marx, sich darauf berufen konnte, das von ihm geschwängerte Dienstmädchen seiner wohlhabenden Eltern ebenfalls zu verstoßen.)

Nachdem Abram ein solch gottgefälliges Leben geführt hatte, wurde es höchste Zeit, einen neuen noch festeren und noch ewigeren Bund mit Gott zu schließen. Und auch das „Recht zur Landnahme" wurde sicherheitshalber nochmals vor Gott erneuert.

Diesen Zeitpunkt hielt Gott für besonders denkwürdig und meinte, auch der Name müsse dies dokumentieren. Von nun an unterschrieb Abram nur noch mit seinem neunen Namen **ABRAHAM**. (1. Mos. 17)

(Dies muß wohl auch Kissel Mardochai imponiert haben. Nur nahm er den Wechsel deutlicher vor: Karl Marx.)

Im *1. Mos. 17, 11* wird dann die ganze Prozedur der Beschneidung behandelt. Wenn man dies als besonderes Zeichen der Verbundenheit mit Gott erwähnt, so fragt man sich, warum es nicht hat deutlicher sichtbar sein sollen. Man hätte ja die Nase oder einen Finger wählen können. Vermutlich war der eigentliche Sinn doch ein anderer als im A. T. dargestellt.

Natürlich hat die liebe Sarai ihren Namen ebenfalls geändert. Sie hieß jetzt **Sara**.

Inzwischen war Abraham in die Jahre gekommen. Und Sara war auch nicht mehr die Jüngste. Aber sie muß doch noch ihren Charme gehabt haben. Denn drei Männer vor dem Zelt wollten Sara „sehen". Und da Abraham das Geschäft von Ägypten her kannte, war alles bald geregelt. Und übers Jahr wurde Isaak geboren. Zwar hatte Abraham wegen seiner Betagtheit seinen Erfolg angezweifelt, aber der HERR hatte zu ihm gemeint: „Sollte dem HERRN etwas unmöglich sein?" *(1. Mos. 18)*

(In der heutigen Zeit könnten die Menschen sich manchen Ärger ersparen, wenn sie mehr Gottvertrauen hätten!)

*

Von Lot haben viele Menschen gehört. Und die Erinnerung wird dann lebendig, wenn man Sodom und Gommora erwähnt und Lots Frau, die zur Salzsäule erstarrte.

Ja, die Katastrophe muß schon groß gewesen sein. Nur Lot und seine beiden Töchter konnten sich retten.

Da saßen sie nun in ihrer Höhle und waren sich darüber im klaren, daß ihr Stammbaum jetzt das Ende gefunden hätte, wenn kein Nachwuchs käme. (Ein Jammer!)

Was tun? Weit und breit kein Mann in Sicht. - Na ja, der Vater war ja schließlich auch ein Mann!

Die beiden Lot-Damen gingen an die Ecke und beratschlagten, was zu tun sei.

„Was meinst du," fragte die Ältere, „wollen wir unsern Vater vernaschen?"

„Ja, meinst du, der spielt da mit?" fragte die Jüngere.

„Also etwas peinlich ist die ganze Geschichte schon, aber wenn wir uns alle einen antüdeln, werden wir schon merken, wie weit wir gehen können."

„O ja, das könnte klappen! Aber wir müssen aufpassen, daß wir dem Alten nicht zuviel einflößen, sonst ist die Aktion aus technischen Gründen nicht mehr möglich. Und außerdem kämen wir um unser Vergnügen."

„Sag mal, woher weißt du das mit den technischen Möglichkeiten?"

„Na, vom Hörensagen natürlich! Was denkst denn du?!"

Gesagt, getan! Nach dem *1. Buch Mos. 19* beschliefen die beiden Töchter Lots in zwei Nächten ihren alten Herrn. Womit der Welt ein neuer Begriff geschenkt wurde: Das Lotterleben.

Natürlich hat der Alte alles mitgekriegt, war kein Spielverderber und lachte sich eins ins Fäustchen. Das Leben gefiel ihm wieder!

*

Abraham hatte reichlich Erfahrung im Geschäft des ältesten Gewerbes. Aus irgendeinem Grunde war er mal wieder pleite. Da fiel ihm das Talent seiner Frau Sara ein. Beim Gastwirt Abimelech gaben sich beide wieder als Bruder und Schwester aus. Na, was soll man viel herumreden, die Sache klappte wieder so gut wie damals in Ägypten. *(1. Mos. 20)*

Neben allen Naturalien verdiente seine „Schwester" auch noch tausend Silberstücke Bares. Und der listige Abraham kassierte selbst. Daß alles nicht ganz reibungslos ablief, kann an derselben Stelle nachgelesen werden. Es wurden die übelsten Verwünschungen gegen den Höhlenwirt ausgestoßen, so daß dieser Angst bekam und alle Forderungen erfüllte. Geschäft ist eben Geschäft! (Das erinnert uns an etwas, worauf wir im Augenblick nicht kommen. Vielleicht fällt es uns noch ein.)

Daß der HERR Sara „heimsuchte" und ihr den Isaak bescherte, steht auch im *1. Mos. 21.*

(Bei all den HERREN mußte es ja mal klappen. Frau Süßmuths Auftritt mit den Kondomen kommt erst dreieinhalbtausend Jahre später.)

Immerhin hat Sara trotz ihres Alters den Isaak noch selbst gestillt.

*

Die Ägypterin, die Abraham einen Sohn geboren hatte, wurde endgültig davongetrieben, denn es ging der Sara um das Erstgeburtsrecht ihres Isaak.

Abraham hat sich mit dem letzten Freier seiner Sara, dem Abimechel, wieder vertragen. Abraham mußte bei dieser Aktion wohl klein beigeben, aber er sann bereits darauf, wie er wieder zu größerem Ansehen gelangen könnte. *(1. Mos. 21)*

Er verkündete lauthals, daß Gott ihn zu seinem besonderen Vertrauten gemacht habe, dieser aber bedingungslose Treue erwarte. Die hätte ja jeder nun leicht versprechen können. Nein, so schlau war Abraham allemal. Er verkündete, daß Gott ein ganz großes Opfer von ihm verlange, eben als rückhaltlosen Beweis seiner Treue und Unterwerfung. *(1. Mos. 22)*

Der liebe Gott verlangte schlicht und einfach, Abraham solle seinen Sohn Isaak schlachten und als Brandopfer darbringen.

Und Abraham gehorchte! Er zog mit seinem Isaak allein auf einen Berg vor den Altar. Und Isaak wunderte sich, daß der Vater außer ihn keinen Hammel dabei hatte. Aber Abraham blieb ganz cool und holte schon mit theatralischem Schwung aus, um seinem Sohn den Hals durchzuschneiden, wie man es mit dem Vieh machte, als Gott diesen tödlichen Hieb aufhielt ... und Isaak gerettet war.

Abraham war überzeugt, daß er Gott mit seiner „ernsten" Absicht überzeugt hätte und überzeugte danach das Volk, wie innig und einzigartig sein Verhältnis zu Gott geworden sei, wie es sonst keinem anderen Menschen möglich wäre.

Um noch dicker aufzutragen, hatte Gott diesmal selbst geschworen: „Weil du solches getan hast und hast deines Sohnes nicht verschont, will ich dein Geschlecht segnen und mehren wie die Sterne am Himmel und wie den Sand am

Ufer des Meeres, und deine Nachkommen sollen die Tore ihrer Feinde besitzen ..." *(1. Mos. 22, 16)* - Da haben wir's! Das war das „Knoff hoff" des Abraham!

*

Nun kommt ein ganz dicker Hund! Jeder Mensch auf Erden bekäme Ärger mit allen politischen Richtungen, außer mit denen, die bis zum heutigen Tag größten Wert auf die Reinerhaltung ihrer Rasse legen und den ... Nazis (damals!). Ja, auch wenn man in Deutschland nicht immer die Wahrheit sagen darf. Wir tun's! Dies ist die Wahrheit: Das fing so an. Abraham wurde alt und älter. Sein Sohn Isaak lebte in der Gnade der späten Geburt. Und Abraham wollte vorsorgen, bevor er, unverhofft, das Zeitliche segnen sollte. Er beauftragte seinen Knecht, für Isaak auf Brautschau zu gehen. Isaak sollte nur eine **reinrassige Frau** aus der Sippe der Hebräer bekommen! *(1. Mos. 24)* Andernfalls sollte er ledig bleiben!

Ja, ja, wenn zwei das gleiche tun, dann ist das noch lange nicht dasselbe! Wenn jemand „hurra" hat schreien wollen, so bitte nur hinter der vorgehaltenen Hand!
Übrigens: **Die Sitte der Sippenreinheit wurde bis heute beibehalten!** Wo, fragen Sie? Das müssen Sie schon selbst herausfinden!

Die Frau für Isaak wurde gefunden. Irgendwie war die junge Frau auch mit Milka verwandt. Sie hieß Rebekka.

Zwischendurch muß Sara an den Strapazen ihres Lebenswandels verstorben sein. Denn nach *1. Mos. 25* nahm Abraham wieder eine Frau. In dem Alter! Und tatsächlich soll ihm diese Ketura noch sechs Söhne geboren haben. Im Alter von hundertfünfundsiebzig Jahren verstarb Abram, alias Abraham als verhältnismäßig junger Mann.

Und dann kommt noch heraus, daß Abraham einige Nebenfrauen gehabt hat, mit dem dazugehörigen Nachwuchs. Um aber keinen Ärger zwischen Isaak und den übrigen Sprößlingen aufkommen zu lassen, schickte Abraham seine nur zur Linken angetrauten Frauen mit ihren Bälgern und ein wenig Taschengeld gen Morgenland.

Der Stammvater dieses illegitimen Zweiges mit Abrahams Magd heißt Ismael. Er hatte zwölf Söhne. Von Töchtern ist nicht die Rede. *(1. Mos. 25)*

Bei Isaak sieht manches anders aus. Er war vierzig Jahre alt, als er Rebekka zur Frau nahm. So'n Pech! Rebekka war unfruchtbar. Aber Isaak wußte sich zu helfen. Er sprach mit dem HERRN: „Und der HERR ließ sich erbitten, und Rebekka, seine Frau, ward schwanger." *(1. Mos. 25)*

Kaum stießen sich die Kinder in Rebekkas Leib *(1. Mos. 25)*, gab's auch schon Ärger. Auf Befragen meinte der HERR, die beiden Ungeborenen würden sich auch später in die Haare geraten.

Und schon bei der Geburt der Zwillinge wollte Jakob nicht, daß Esau zuerst herauskam. Er faßte nämlich seinen Bruder bei der Ferse und ließ nicht los. *(1. Mos. 25)*

Als Esau und Jakob geboren wurden, war Isaak sechzig Jahre alt. Das ist ausnahmsweise einmal glaubwürdig.

Die Ehe scheint nicht ganz in Ordnung gewesen zu sein. Einmal schon das Problem mit der Unfruchtbarkeit und dann doch wieder nicht. Wer weiß, wer da unfruchtbar war? Und dann gab es Streit wegen der Zwillinge. Esau war Vaters Liebling und Jakob Rebekkas.

Als der alte Herr sich zum Sterben niederlegte, wollte er zuvor ein Mahl von seinem erstgeborenen Sohn zubereitet haben, um ihn dann zu segnen. Die Alte witterte nichts Gutes und lauschte hinterm Vorhang. Kaum hatte der Vater seinen Wunsch geäußert, rief Rebekka ihren Vorzögling Jakob herbei und riet ihm, sofort Gegenmaßnahmen zu treffen.

Alle Voraussetzungen für einen Betrug waren vorzüglich. Isaak konnte nicht mehr sehen, sondern nur tasten. Da Esau eine stark behaarte Haut hatte, wickelte Rebekka ihrem Jakob ein paar Felle um die Handgelenke, bereitete schnell eine Art Pizza vor und schickte ihn so zum Vater.

Zwar kam diesem die Stimme etwas verdächtig vor, aber er fühlte die rauhe Haut und roch an der Kleidung (auch die hatte Jakob zur Tarnung geklaut), nahm die letzte Mahlzeit zu sich und segnete seinen Sohn mit allen dazugehörigen Vollmachten eines Erstgeborenen.

Als Esau später erschien, war alles gelaufen. Der Alte mochte schweren Herzens nichts mehr rückgängig machen, und Esau blieb der Gelackmeierte.

Daß alles in diesem Sinne von langer Hand vorbereitet geschehen ist, wird auch mit dem erpreßten Verkauf des Erstgeburtsrechts für ein Linsengericht bewiesen. Betrug auf der ganzen Linie wie es im Buche steht! *(1. Mos. 25, 26)*

Als Isaak noch rüstig war, trug er sich mit dem Gedanken auszuwandern. Da besann er sich auf den Trick mit dem „Rat des HERRN". Der hätte ihm nämlich gesagt, er solle lieber bei Abimelech, dem König der Philister, bleiben. Und weiter sagte er, er solle als Fremdling erst einmal verweilen, danach solle ihm das Land gehören. So lief die Sache an!

Da Isaak ein gelehriger Sohn seines Vaters war, versuchte er auch die P.-Nummer seines Vaters: Er gab seine Frau als seine Schwester aus.

Aber Isaak hatte sich geschnitten. Dieser Schwindel platzte. Abimelech hatte die beiden miteinander schmusen gesehen und sagte es dem Isaak auf den Kopf zu. So konnte es auch zu keiner späteren Erpressung kommen.

Als Esau vierzig war, nahm er sich zwei Frauen, die Judith und die Basemath. Die Schwiegermutter brachte hier schon alle späteren Schwiegermütter in Verruf. Diese Heirat muß die Rebekka dazu bestimmt haben, ihren Jakob immer mehr vorzuziehen, denn danach passierte die Sache am Sterbebett des alten Isaak.

Daß Esau über diesen Betrug verbittert war, wird ihm heute keiner verübeln. Daß er drohte, seinen Bruder Jakob umzubringen, entsprach den damaligen Bräuchen. Deshalb suchte Jakob sein Heil in der Flucht. *(1. Mos. 27)*

*

Wir müssen wieder rückblenden: Natürlich hatte Jakob seinen eigenen Kopf und wollte ihn durchsetzen. Er hatte sich nämlich ein Mädchen angelacht. Aber seine

Mutter Rebekka wollte es anders und suchte Unterstützung bei ihrem Mann Isaak.

Als **Verfechter der Sippenreinheit** verbot er Jakob diese Ehe und schickte ihn nach Mesopotamien, um sich dort eine **Reinrassige** zu holen.

Und um ihm alles schmackhafter zu machen, segnete er den Jakob noch ein paarmal, berief sich auf die Verträge zwischen Abram, alias Abraham, und dessen persönlichen Gott und versicherte ihm, daß das Land, in dem er jetzt als Flüchtling lebe, in Kürze beim göttlichen Grundbuchamt als sein Eigentum eingetragen werde.

Aus Wut darüber, daß Isaak Jakob gesegnet und nach Mesopotamien entlassen hatte, nahm Esau sich zu seinen Frauen eine weitere. *(1. Mos. 28)* (Ob das das richtige Rezept war?)

Jakob fing nun auf seinem Wege in die Fremde an zu träumen, und zwar nach alter Väter Art. Er sah eine Leiter auf der Erde stehen, die mit ihrer Spitze bis in den Himmel ragte. Engel stiegen daran hinauf und herunter. Und der HERR stand ganz oben darauf und sprach nach dem *1. Buch Mos. 28:*

„Ich bin der HERR, der Gott deines Vaters Abraham, und Isaaks Gott; das Land, darauf du liegst, will ich dir und deinen Nachkommen geben."

Da bleibt einem glatt die Spucke weg! Mit welch einer Unverfrorenheit damals Rechtsansprüche erhoben wurden! Man kann darüber nur den Kopf schütteln.

Aber Jakob hatte seinen „Traum" für bare Münze genommen und seinem HERRN gleich Bedingungen gestellt. Wenn er also dafür sorgen würde, daß es ihm gutgeht, er mit irdischen Gütern gesegnet würde, so soll der HERR mein Gott sein. *(1. Mos. 28)*

Jakob wanderte frohen Mutes weiter und entdeckte an einem Brunnen ein hübsches Mädchen. Es war die Rahel, die Tochter Labans, des Bruders seiner Mutter. Welch eine Freude! Sie waren ineinander verschossen vom ersten Augenblick an.

Groß war auch die Freude bei der ganzen Familie Laban. Die Küsserei wollte gar kein Ende nehmen.

Der alte Laban hatte bald spitzbekommen, was sich da zwischen Jakob und seiner Rahel abspielte. Und verliebt, wie Jakob nun einmal war, fing er gleich einen Handel an. Er fragte seinen Onkel, wie lange er bei ihm in der Landwirtschaft und Viehzucht arbeiten müsse, um seine Cousine Rahel zur Frau zu bekommen.

Der alte Fuchs Laban hatte nur kurz überlegt. Dann stand sein Preis fest: Sieben Jahre Feldarbeit bei freier Kost und freier Unterkunft.

Beide schlugen ein, und alles war perfekt. Jakob stürmte raus zu seiner Rahel. Laban drehte sich um und rieb sich die Hände.

Am Tage der Hochzeit zog Laban das Fest schön in die Länge. Jakob wartete voller Ungeduld. Aber es half nichts. Erst als es so richtig dunkel war, führte der Laban seine Tochter dem Jakob ins Zelt zu.

Voller Ungestüm ging Jakob zur Sache. Und geschlafen hat er danach wie ein Wüstenfuchs. Als er aber am Morgen seine Frau bei der Toilette überraschte, fiel er fast aus den Pantinen. Da hatte ihm doch der liebe Onkel Laban seine ältere, dafür aber um so häßlichere Tochter Lea untergejubelt. *(1. Mos. 29)*

Wutschnaubend ging er, so wie er war, zu seinem Schwiegervater, um diesem die Leviten zu lesen. Daraus wurde jedoch nichts. „Andere Länder, andere Sitten!" so speiste ihn Laban mit der größten Selbstverständlichkeit ab. „Hier wird zuerst die älteste Tochter verheiratet", sagte er. „Wenn du aber immer noch Lust auf die Rahel hast, dann, bitte sehr, noch einmal sieben Jahre!"

Jakob war trotz der Anstrengungen der letzten Nacht immer noch scharf auf Rahel. Deshalb war er mit der Bedingung einverstanden, verließ das Zelt und murmelte draußen in seinen Bart: „Betrug bleibt Betrug! Dich Aas krieg' ich!"

Großzügig erklärte sich der Onkel jedoch dazu bereit, daß Jakob jetzt schon die Rahel zur Frau ins Bett bekam. Aber von den sieben Jahren ging er nicht runter.

Jetzt kommt ein ganz kompliziertes Kapitel. Nun saß der Jakob mit zwei Frauen da. Und jede hatte noch eine Leibmagd.

Die Lea blieb die unerwünschte Frau. Trotzdem bekam sie ein Kind nach dem andern. Und jedesmal hoffte sie, danach geliebt zu werden. Jakob aber war die Sturheit in Person.

Rahel, die geliebte Ehefrau, blieb dagegen unfruchtbar. Na, was lag näher, als dem Jakob Rahels Leibmagd ins Bett zu stecken, damit Rahel zu „ihrem" Kind kommen sollte. Bilha wurde die erste Leihmutter!

Das klappte vorzüglich! Die Magd bekam das Kind, und Rahel war glücklich. *(1. Mos. 30)* (Wenn man da an heute denkt!)

Wer nun aber glaubt, daß alles gelaufen war, der irrt gewaltig! Jetzt ging's erst richtig los! Die Magd Bilha wurde noch ein paarmal zu Jakob ins Bett geschickt. Mit vollem Erfolg. Und Rahel war ... überglücklich.

Das Verwirrspiel reißt aber noch lange nicht ab. Die häßliche Lea bekam nach den Jahren ihres fruchtbaren Einsatzes plötzlich selber keine Kinder mehr. Das machte sie neidisch auf Rahels Kinderreichtum unter Mitwirkung der Bilha. Kurz entschlossen wurde jetzt Leas Leibmagd Silpa zur Empfängnis zu Jakob abkommandiert. Als das erste Kind geboren war, sagte Lea: Glück auf! *(1. Mos. 30)* Und auch bei Silpa blieb es nicht bei einem Kind! Verehrte Bibel-Leser, wir hätten es Ihnen gern erspart, aber wir müssen bei der Wahrheit bleiben: Plötzlich wurde Rahel doch noch fruchtbar und sorgte für die Vervollständigung der Familienverhältnisse. Ihr Sohn hieß Joseph.

Inzwischen hatte Jakob Zeit gehabt, darüber nachzudenken, wie er seinem Onkel und Schwiegervater Laban wegen der untergeschobenen Lea eins auswischen könnte. Als Ausgleich für seine jahrelange Plackerei schlug er ihm ein kleines Entgegenkommen vor. Der Schwiegervater sollte ihm alle gesprenkelten Schafe und Ziegen überlassen.

Laban sah sich seine Herde an, fand, daß es nicht allzuviele wären und akzeptierte.

Da es Jakob mit der ins Auge gefaßten Trennung aber nicht eilig hatte, sorgte er bei den nächsten Besteigungen der Schafe und Ziegen dafür, daß nur solche Böcke zur Zucht kamen, die bereits die Vererbung der Scheckigkeit garantierten. Um seinen Erfolg zu verdoppeln, sorgte er auch dafür, daß für seinen Bestand nur die kräftigsten Tiere ausgesucht wurden, während Laban die schwächlichen blieben. Auf diesem Wege wurde Jakob ein überaus wohlhabender Mann. *(1. Mos. 30)* Verwandte sind eben auch nur Menschen! Ein echtes Gaunerstück!

Aber die Söhne Labans waren nicht ganz so doof, wie sie ausgesehen haben mögen. Sie erkannten Jakobs Raffinesse.

Sicherheitshalber riet zu diesem Zeitpunkt der HERR dem Jakob, sein Heil in der Flucht zu suchen.

Jakob ließ seine Frauen Lea und Rahel kommen und klagte ihnen sein Leid, wie ihm der Schwiegervater zugesetzt und ihn betrogen habe und daß Gott ihm nun geraten habe, Gegenmaßnahmen zu treffen. Zum Beispiel die Sache mit den gesprenkelten Schafen und Ziegen. Und da dieser Rat von dem HERRN kam, wäre alles, was er in dieser Richtung getan habe, ein gottgefälliges Werk und kein Schwindel. Ein klarer Fall erklärte er: Gott habe euerm Vater die Güter entwunden und mir gegeben. *(1. Mos. 31)*

Seine beiden Weiber hatte er überzeugt, und nun schimpften sie mit: Fürwahr, Gott hat unserm Vater den ganzen Reichtum entzogen und ihn uns überlassen.

Und damit nach der Flucht dem Laban die Möglichkeit genommen werden sollte, mit Hilfe seines Gottes ihnen wieder alles abzujagen, klaute Rahel ihrem Vater auch noch dessen Haus-Gott. Das tat sie aber klammheimlich, und niemand wußte etwas davon. *(1. Mos. 31)*

Heimlich still und leise türmte Jakob mit allen Weibern, Kindern und allem Vieh und was sich sonst noch so bewegen ließ.

Erst drei Tage später kamen Laban und sein Anhang hinter den Verrat. Er ließ sofort satteln und ab ging die Post mit allen schlagkräftigen Männern.

Jakobs Treck war bald eingeholt, und Laban stellte ihn zur Rede. Er machte ihm Vorwürfe, so sang- und klanglos abgehauen zu sein. Viel lieber hätte er alle mit Pauken und Trompeten auf die Reise geschickt. *(1. Mos. 31)*

Laban hat sich dann doch beruhigt, aber die Sache mit dem gestohlenen Haus-Gott brachte ihn wieder auf die Palme. Er ordnete eine sofortige Hausdurchsuchung in allen Zelten an. Und Jakob konnte sogar mit ruhigem Gewissen sagen, er wüßte nichts von einem geklauten Haus-Gott.

Laban aber drehte jedes Stück in den Zelten um. Rahel verfolgte dagegen alles mit Unbehagen. Sie wußte sich jedoch zu helfen. Sie legte den Haus-Gott des Vaters unter ihren Kamelsattel in der Ecke ihres Zeltes und setzte sich obendrauf. Als der Vater nun kam und alles von unten nach oben kehrte, da stöhnte sie ihm etwas vor, blieb auf dem Kamelsattel sitzen und sagte, es ginge ihr schlecht, eben nach Art und Weise der Frauen. *(1. Mos. 31)*

Der Vater sah seine leidende Tochter und verließ den Raum. Na bitte! Die Raffinesse lag eben in der Sippschaft!

Der Alte war nun doch wieder wütend, und sein Schwiegersohn fing an, in bekannter Weise zu schreien und zu jammern: Wie schlecht es ihm in den zwanzig Jahren ergangen sei, daß er zweimal sieben Jahre für Lea und Rahel habe schuften müssen und dann noch sechs Jahre für diesen Krempel und daß er immer nachts gefroren und tags geschwitzt habe. Auch hätte man ihm nichts zu essen und zu trinken gegeben. Und für verunglücktes oder gestorbenes Vieh habe er selber Ersatz beschaffen müssen. Es wäre eben ein jammervolles Dasein gewesen!

Laban kamen die Tränen. Er küßte seine Töchter und Enkel und ließ den Obergauner ziehen. *(1. Mos. 31)* Schließlich blieb ja alles in der Verwandtschaft.

Je mehr Jakob mit seinem Troß sich der alten Heimat näherte, desto mehr fielen ihm seine Sünden gegen seinen Bruder Esau ein. Er sah keine andere Möglichkeit, als sich demütig und unterwürfig zu zeigen.

Damit er aber bei einem Mißerfolg nicht alles mit einem Schlag verlieren sollte, machte er einen Plan. Er teilte seinen Haufen in drei Gruppen und schickte vorneweg seine Mägde Bliha und Silpa mit ihren Kindern. Danach kamen Lea und Rahel mit ihrem Anhang und danach erst der reuige Sünder mit einer Leibwache.

Um die Lage zu erkunden, schickte Jakob Boten zu Esau. Da er wußte, wie man um schön Wetter bitten und den Erfolg leichter gewinnen kann, ließ er sein Friedensangebot mit Handfestem untermauern. Es waren zweihundert Ziegen, zwanzig Böcke, zweihundert Schafe, zwanzig Widder (alles gesprenkelte, versteht sich), dreißig säugende Kamele mit ihren Füllen, vierzig Kühe und zehn junge Stiere, zwanzig Eselinnen und zehn Esel. *(1. Mos. 32)*

Bei all der ungewissen Erwartung hatte Jakob beim Nachtlager am Fluß Jabbok Zeit, mit einem Mann die ganze Nacht zu ringen. Sollte er vielleicht vielseitiger veranlagt gewesen sein? Jedenfalls wollte Jakob diesen Mann nicht ziehen lassen. Er meinte: „Ich lasse dich nicht, du segnest mich denn!" Und der Geheimnisvolle sagte: „Du sollst nicht mehr Jakob heißen, sondern Israel; denn du hast mit Gott und dem Menschen gekämpft und hast gewonnen." *(1. Mos. 32)*

Aber so ganz ohne ist der Kampf dieser Nacht nicht gewesen. Jakob hat dabei einen Schlag auf die Hüfte bekommen, so daß er danach hinkte.

„Daher essen die Kinder Israel nicht das Muskelstück aus dem Gelenk der Hüfte bis auf den heutigen Tag, weil er auf den Muskel am Gelenk der Hüfte Jakobs geschlagen hatte." *(1. Mos. 32)* Das verstehe, wer will!

Der Esau war Geschäftsmann. Das lag in der Familie! Er war mit allem einverstanden. Er sagte sich: Wenn ich an den Teller Linsen denke, so hat sich das durchaus rentiert.

Jakob war mit seinem Gefolge aber noch lange nicht am Ziel. Sie waren erst in der Gegend von Sichem. Dort schlugen sie ein Nachtlager auf.

Leas Tochter Dina, ein frühreifes Mädchen, ging ein bißchen flanieren. Sie wackelte mit den Hüften. Sie brauchte ja nicht zu hinken wie ihr Vater. Und sie ließ auch eine Menge Bein sehen. Und die jungen Leute der Stadt entdeckten bald diesen steilen Zahn. Darunter war auch der Sohn des Hemor, der, wie die Stadt, Sichem hieß. Er stieg dem Mädchen nach, und sie waren sich bald einig, die Zweisamkeit hinter einem Busch zu suchen. Es war, wie Liebe auf den ersten Blick. Soweit, so gut. Aber, dachte das Mädchen danach, was wirst du jetzt von mir denken? Und erst meine Familie! Sie sagte deshalb ganz einfach, sie sei vergewaltigt worden.

Auch der junge Sichem hatte seinem Vater alles gestanden und, daß er dieses Mädchen und kein anderes zur Frau haben wolle.

Darauf machte sich der Vater auf den Weg zum Lager des Jakob und klärte ihn über die Lage auf. Zwar runzelte der Jakob erst einmal die Stirn. Aber er witterte ein gutes Geschäft. Jakob stellte deshalb Bedingungen, von denen er hoffte, daß sie nicht angenommen würden. Er verlangte, daß alle Männer der ganzen Stadt Sichem sich beschneiden lassen sollten, um dadurch die ehrliche Verbundenheit zu bezeugen.

Jakob fiel aus allen Wolken, als Sichems Vater zustimmte. Da Jakob ein „ehrlicher" Mann war, blieb ihm keine Wahl, als diesen Handel einzugehen; und er rieb sich die Hände.

Alle männlichen Bewohner Sichems kamen zur großen Beschneidung ins Lager der Jakobiner, und es wurde für die einen lustig und für die andern schmerzlich drauflos geschnibbelt.

Als am dritten Tag die Schmerzen am größten waren und sich keiner der Männer rühren konnte, fielen Jakob und seine Söhne Simeon und Levi mit ihren Schwertern über die friedliche Stadt her, **ermordeten alles, was männlich war,** auch Sichem und seinen Vater und nahmen ihre Dina wieder mit.

Danach „durchsuchten" Jakob und seine Bande die Leichen der Erschlagenen und plünderten die ganze Stadt. *(1. Mos. 34)*

Dazu nahmen sie alles Vieh, alle Habe und führten alle Frauen und Kinder in die Gefangenschaft.

Nach dieser frommen Tat erschien der HERR dem Jakob schon wieder und versicherte, **daß er jetzt endgültig den Namen Israel verdient** und sich so hinfort zu nennen habe. *(1. Mos. 35)*

Wir werden den Verdacht nicht los, daß jede Schandtat aus Sicherheitsgründen einen Namenswechsel geraten erscheinen ließ. Auf Gottes Ratschlag natürlich! Und das sollte Tradition bleiben!

Der Boden scheint dort wirklich fruchtbar gewesen zu sein. Trotz der Jahre und anfänglicher Schwierigkeiten gebar Rahel dann doch noch einmal. Es war der kleine Ben-Jamin. Die Mutter starb im Kindbett.

Interessant ist ferner, daß Jakob-Israels Sohn Ruben, den ihm die Lea geschenkt hatte, eine Beischlaf-Lehrstunde von der Magd Bilha bekam. Mit Erfolg, versteht sich! *(1. Mos. 35)*

Im Laufe der Zeit hatte Jakob-Israel ein volles Dutzend Söhne bekommen.

Was man nicht für möglich gehalten hat: Isaak wollte doch schon so früh sterben. Nun lebte er immer noch. Er wurde aber nur hundertachtzig Jahre alt und von Esau und Jakob-Israel einträchtig beigesetzt.

Israel wohnte jetzt in dem Lande Kanaan, in dem sein Vater noch ein Fremder gewesen war.

Er hatte einen Lieblingssohn, und der hieß Joseph. Wie das so mit einem Lieblingskind ist, putzte es der Vater besonders schön heraus. Mit einem roten Rock! Natürlich waren die anderen Kinder darüber nicht erfreut.

Der kleine Bengel merkte die unterschiedliche Behandlung sehr wohl und nahm sich manches heraus.

So prahlte er vor allen mit einem Traum: Sie hätten alle auf dem Felde Garben gesetzt. Dabei wären alle Garben umgefallen, nur seine wären stehengeblieben.

Seine Brüder verhöhnten ihn und fragten, ob er wohl über sie herrschen wolle. Er lächelte nur milde von oben herab.

Aber bald danach erzählte Joseph von einem zweiten Traum: Und zwar hätten sich vor ihm Sonne, Mond und elf Sterne verneigt. Das langte auch dem Vater.

Eines Tages schickte Israel Joseph zu seinen Brüdern auf eine meilenweit entfernte Weide. Als man ihn kommen sah, meinten die Brüder, es wäre jetzt die beste Gelegenheit, den Joseph kaltzumachen. Einer der Brüder konnte aber kein Blut sehen. Deshalb trat er für eine humanere Art der Lebensverkürzung ein. Er schlug vor, ihn in eine Grube zu werfen. Entweder würde er langsam verhungern, oder ein wildes Tier könnte ihn finden und fressen.

Da das mit dem Verhungern aber nicht von heute auf morgen geschehen konnte, ergab sich eine andere Möglichkeit, als nämlich eine Karawane vorüberzog.

Jetzt konnten sie das Angenehme mit dem Nützlichen verbinden und verkauften ihren Joseph für zwanzig Silberstücke an die Ismaeliter nach Ägypten.

Um vor dem Vater alles in echt erscheinen zu lassen, zerrissen die barmherzigen Brüder Josephs schönen Rock und tränkten ihn mit Ziegenblut. Und alle beweinten den tragischen Verlust.

*

Mit Joseph aber ging's bergauf. Er wurde an Potiphar, des Pharaos Kämmerer und Obersten der Leibwache verscherbelt.

Nur um bei den Bibel-Christen eine eventuelle Bildungslücke nicht entstehen zu lassen, muß hier eine noch peinlichere Geschichte berührt werden. Nein, was auch alles in diesem heiligen Buch steht!:

Juda, ein Sohn Jakob-Israels, nahm die Tochter eines Kanaaniters zur Frau. Diese gebar ihm einen Sohn. Danach gebar sie ihm den Sohn Onan. (Uns schwant nichts Gutes!)

Diesem Onan wurde geraten, zu seines Bruders Frau „einzugehen", weil er selbst nicht zeugungsfähig sei. Man nannte dies die Schwagerehe. Und was dann passierte, kann man nur wörtlich wiedergeben:

„Aber da Onan wußte, daß die Kinder nicht sein eigen sein sollten, ließ er's auf die Erde fallen und verderben, wenn er einging in seines Bruders Frau ..." *(1. Mos. 38)*

Bei aller Ehre für Luthers Arbeit: Daß er da nicht langsam die Nase vollbekommen hat, ist sehr verwunderlich.

Onan ist dann bald gestorben. Und Judas Frau lebte auch nicht mehr lange.

So begab sich Juda zu seinem Freund Hira. Auf dem Wege nach dort wurde der Schwiegertochter Thamar angesagt, daß ihr Schwiegervater unterwegs sei. Sie zog sich andere Kleider an, verhüllte ihr Gesicht und wartete am Straßenrand. Als Juda diese Dame sah, erkannte er sie nicht, sondern glaubte, sie sei eine ganz gewöhnliche Hure. Da ihm danach zumute war, fragte er, was sie denn als Preis verlange. Er wäre bereit, ihr einen Ziegenbock zu schicken.

Thamar war damit einverstanden, verlangte aber ein Pfand, und zwar wollte sie sein Siegel, eine Schnur und seinen Stab haben. Das Geschäft wurde abgeschlossen, und Juda kam zu seinem Vergnügen. Danach verschwand Thamar und ging in ihr Haus.

Da Juda ein Kavalier alter Schule war, schickte er seinen Freund mit dem Ziegenbock in die Stadt der angeblichen Hure. Dieser mußte jedoch unverrichteter Dinge umkehren, weil er keine Hure finden konnte.

Nach drei Monaten wurde dem Juda gesteckt, daß seine Schwiegertochter Hurerei getrieben habe, und daß sie jetzt schwanger sei.

Als sittenstrenges Familienoberhaupt entschied er, daß Thamar zu verbrennen sei.

Als es soweit war, zeigte sie allen Leuten das Siegel, die Schnur und Judas Stab. Da gab Juda klein bei; aber er hatte genug von diesem Erlebnis und ging nicht wieder bei ihr „ein". *(1. Mos. 38)* - Übrigens: Es wurden Zwillinge.

*

Dem Joseph in Ägypten ging es wie Gott in Frankreich. Er hatte eine schöne Gestalt und war hübsch von Angesicht. *(1. Mos. 39)* Er hatte das Ohr des Pharaos gefunden und lebte in dessen Haus. Und wie konnte es anders sein, der HERR segnete den Pharao um des Josephs willen!

Aber in diesem Hause wohnte auch die Frau Pharao. Und Joseph war ein „bel ami"! Kann sich der geneigte Bibel-Leser denken, was dabei herauskommen mußte?

Später gab es ein Hick-Hack, wer wohl den Koffer mit der Verantwortung zu tragen habe. Der schöne Joseph erklärte mit dem scheinheiligsten Augenaufschlag, daß er Mühe gehabt habe, der Frau des Pharaos aus dem Wege zu gehen. Sie dagegen sagte, sie habe sich seiner nicht erwehren können. Und der Beweis läge ja auch klar auf der Hand, das heißt, hier auf dem Fußboden, denn Joseph habe fluchtartig das Haus verlassen, als der Pharao gekommen sei und habe die Hose vergessen mitzunehmen.

Die Frage ist: Wem soll man da glauben? - Wenn man da an die Geschichte in Sichem mit der flotten Biene Dina denkt, so kommen einem doch gewisse Zweifel. Aber ein bibelfrommer Mensch wird schon zum richtigen Glauben finden. Den hatte der Pharao nicht. Er ließ den Joseph ins Gefängnis werfen.

Sie kennen aber Joseph nicht, wenn Sie meinen, dies wäre sein Ende gewesen. Es dauerte gar nicht lange, da hatte er dort wieder das große Sagen. Er wurde der erste Kapo.

Alle Gefangenen waren unter seiner Fuchtel und nichts geschah ohne ihn. „Denn der HERR war mit Joseph, und was er tat, dazu gab der HERR Glück." *(1. Mos. 39)*

Als Kapo hatte Joseph alle anderen Gefangenen in der Hand. Und als Verbindungsmann zum Gefängnis-Amtmann wußte er auch, was sich in den kommenden Tagen abspielen würde. Deshalb deutete er die Träume der Mitgefangenen „richtig". Und alles sprach sich wie eine neue Latrinenparole schnell herum.

Nun dauerte es nur noch zwei Jahre, bis Joseph vor den Pharao geführt wurde, um ihm einen Traum zu deuten. Dieser hatte nämlich im Traum sieben fette und sieben magere Kühe gesehen. Und Joseph sollte ihm sagen, was davon zu halten sei.

Völlig klar, sagte Joseph, die sieben fetten Kühe sind sieben Jahre guter Ernten. Danach kommen die sieben mageren Kühe, also sieben Hungerjahre. Aber es käme eben sehr auf den Herrn Pharao an, den geeigneten Mann zu finden, der in der Lage wäre, alles richtig zu managen, eben einen verantwortlichen Wirtschaftsminister, der dafür sorgt, daß auch die Jahre der Not gut überstanden werden. Im übrigen käme alles, was er gedeutet und gesagt habe, von Gott, und Joseph wäre nur sein Sprachrohr. Womit er sich für alle Fälle ein Hintertürchen offen ließ.

Diese Rede gefiel dem Pharao und seinen Großen. *(1. Mos. 41)* Was lag näher, als den gottesfürchtigen, weisen Joseph mit diesem Amt zu betrauen. So ließ ihn der Pharao auch äußerlich sichtbar mit feinem Leinen und goldener Kette dekorieren und mit Handlungsvollmachten für ganz Ägyptenland ausstatten. Allein der Pharao sollte über ihm stehen.

Als erstes ließ Joseph gleich mal die Steuern von zehn Prozent auf zwanzig erhöhen. *(1. Mos. 41)* Er entdeckte als erster den für einen Staat gangbarsten Weg, zu Geld zu kommen. Das war dann auch die Grundlage für das Eintreten seiner Weissagungen. Er schaffte das Polster, mit welchem die späteren Notstände zu beheben sein sollten. Und mit den Lebensmitteln, besonders der haltbaren Körnerfrucht, machte er es nicht anders.

Es ist im übrigen nur ein kleiner Trick bei dieser ganzen Aktion: Die Ernten waren durchweg nicht schlecht. Die traumgedeutete Hungerszeit wurde geschickt konstruiert. Dem Volk brauchte man eigentlich nur zu suggerieren, daß es ja in Hülle und Fülle habe und wie im Schlaraffenland leben könne. Wenn wir jetzt also den Gürtel enger schnallen, so sollte man die ersten sieben Jahre nicht mit einer Hungersnot vergleichen. Das wäre frevelhaft und könnte bestraft werden. Wir leben quasi diesmal nur unter unseren Verhältnissen, damit wir später über ihnen leben können.

Das Volk guckte zwar etwas dumm aus der Wäsche, aber es murrte nicht, weil die Strafen hart waren.

Auf diese Weise hatte der schlaue Joseph die zweimal sieben Jahre gut überstanden.

Damit Josephs Würde komplett sein sollte, hatte ihm der Pharao einen Titel, Zaphenath-Paneach, gegeben und eine gewisse Asenath, die Tochter des Priesters Potipheras.

Joseph war zu der Zeit dreißig Jahre alt, und er reiste durchs Land mit großem Gefolge, wie der Zar aller Reußen. Und zwei Söhne waren auch bald da.

Dies sollte noch erwähnt werden: Als die ersten sieben Jahre um waren und die Zeit der Hungersnot anbrechen sollte, ließ Joseph heimlich eine Demo veranstalten, die sogar bis zur Bannmeile vor des Pharaos Palast zog. Hier schrien die Leute, was die Lungen hergaben, nach Brot. Der Pharao aber ließ ihnen sagen, sie sollten sich an Joseph wenden. Er habe geweissagt, er habe Amt und Würden erhalten, nun solle er auch in den zweiten sieben Jahren zeigen, was er kann.

Diese Entwicklung hatte Joseph eingeplant. Nachdem sich die Demonstranten heisergeschrien hatten, war ihre Aufgabe erfüllt, und er konnte jetzt seine Karte aus dem Ärmel spielen und alle Leute mit den vorbereiteten Rationen versorgen lassen.

Der Pharao und seine Großen waren begeistert, und Joseph rieb sich die Hände. Dieser raffinierte Coup schlug wie eine Bombe ein. Nur eben mit positiver Wirkung. Josephs Zauberkunststück sprach sich bis über die Grenzen durch, so daß auch diese Menschen herbeiströmten. Es kam die Zeit der Wirtschafts-Asylanten.

Auch Jakob mit Bindestrich Israel hörte, daß man in Ägypten Getreide bekommen könnte. Er ließ also anspannen und schickte zehn Brüder Josephs auf die Reise. Den kleinen Benjamin wollte er für alle Fälle lieber zu Hause behalten. *(1. Mos. 42)*

Die Brüder erkannten Joseph nicht. Er aber erkannte sie, und er sprach deshalb nur über den Dolmetscher mit ihnen. Scheinbar ging er hart mit ihnen ins Gericht. Er verlangte, daß man auch den jüngsten der Brüder herholen solle. Dafür wolle er die anderen ziehen lassen. Zwar behielt er einen Bruder als Geisel, aber er ließ ihnen ihre Säcke mit Getreide füllen, ohne daß sie dafür zu bezahlen brauchten. Hiermit wurde der Grundstein für die Vetternwirtschaft gelegt. *(1. Mos. 42, 25)*

Als die Söhne mit den Lebensmitteln beim Vater eintrafen und die Säcke öffneten, fand jeder sein Geld wieder. Sie wußten nicht, was sie davon halten sollten. Und die Geisel ließen sie solange in Ägypten schmoren, bis alles aufgegessen war. Erst dann entschloß sich Jakob-Israel, die Söhne und auch den Benjamin mit Lösegeld nach Ägypten zu schicken.

Es war eine große Genugtuung für Joseph, seine Brüder demutsvoll zu sehen. Aber eine besondere Rührung überfiel ihn, als er das Nesthäkchen Benjamin entdeckte.

Irgendwie juckte Joseph die Schweinerei mit seinem Verkauf durch seine Brüder doch noch. Er sann auf eine sadistische Rache. Er ließ alle friedlich und mit Korn versehen ziehen, ließ auch wieder das Geld in die Säcke tun, aber dem Sack des Benjamin wurde ein silbener Becher beigelegt.

Als alle schon ein Stück weg waren, schickte Joseph einen berittenen Trupp nach, um alle Säcke nach einem verschwundenen silbernen Becher zu durchsuchen. Sie fanden ihn bei Benjamin, und das Gejammere war groß. Der ganze Haufe mußte wieder zurück. *(1. Mos. 44)*

Nach einigem Palaver hatte sich Joseph soweit abreagiert, daß er sich den Brüdern zu erkennen gab. Ende gut, alles gut. Auch der Pharao erfuhr von dieser Geschichte, und er erlaubte, daß die ganze Sippe Jakob-Israel nach Ägypten als Wirtschafts-Asylanten kommen durfte. *(1. Mos. 45)*

Der alte Jakob-Israel hatte zwar seine Bedenken, nach Ägypten auszuwandern, aber dann sagte ihm Gott, er wäre damit einverstanden, denn dort lebte man zur Zeit viel besser als in Kanaan.

Insgesamt sollen siebzig Seelen die Reise nach Ägypten unternommen haben. Da steht: Ausgenommen die Frauen seiner Söhne. Frauen zählten damals einfach nicht.

Die Zeiten wurden schlecht in Ägypten. Aber der Sippe Israel ging es bestens. Die Ägypter hatten durchweg schon viel Geld ausgegeben, um an Getreide zu kommen. Der tüchtige Joseph nahm auch Vieh und andere Naturalien als Zahlungsmittel entgegen. Ja, sogar das Stückchen Land wurde den armen Bauern abgeknöpft. Nur soviel durften sie behalten, damit ihnen etwas zu beißen blieb. (Schon damals wußte man also, wie man in Zeiten einer Inflation den Menschen das Fell über die Ohren ziehen kann.)

Israel, der Vater Josephs, war nun schon hundertsiebenundvierzig Jahre alt geworden. Er fühlte sich nicht gut und dachte ans Sterben.

Joseph erschien darauf mit seinen beiden Söhnen am Sterbebett, und schon gab es wieder Ärger mit dem Segnen der Kinder.

Auch wollte Israel in Kanaan beigesetzt werden, in dem Land, das er **den Amoritern mit Schwert und Bogen geraubt hatte**. *(1. Mos. 48)*

Mit dem Segnen und Sterben zieht es sich lang hin wie in einer Oper. Vielleicht wurde damals schon der Grundstein für das musikalische Drama gelegt.

Jetzt kam noch der Akt der Segnung aller Kinder. Dabei stellte sich heraus, daß der Alte noch ein gutes Gedächtnis hatte. Er hielt nämlich dem Sohn Ruben unter die Nase, daß er ihn mit Jakobs Frau Lea, also Rubens Stiefmutter, betrogen hatte. Mein Gott, dachte Ruben, das ist doch längst verjährt!

Jakob-Israel hielt auf dem Sterbebett seinen Söhnen eine Standpauke. Simeon und Levi hielt er vor, sie hätten zuviel gemordet und wären zu grausam gewesen. Auf einmal! Früher hatte der Alte sie als Helfershelfer gebraucht.

Da haben wir's: Sohn Juda wird der Held der Sippe Israel! Seine Hand soll nach dem Willen Jakobs auf dem Nacken der Feinde liegen! Denn er sei hochgekommen vom Raube! *(1. Mos. 49)*

Und jedem der Söhne wird gesagt, wie sie ihr Leben zu gestalten haben.

Dan, als Hinterlistiger, der Schlangen und Ottern einzusetzen wußte, damit sie den Pferden in die Ferse beißen, so daß die Reiter herunterfallen sollten, wurde das Richteramt zugeteilt. *(1. Mos. 49)* Na bitte!

Hier ein wörtlicher Satz, der den Theologen viel Spielraum für Auslegungsmöglichkeiten bietet: „Naphthali ist ein schneller Hirsch, er gibt schöne Rede." Er wird schon gewußt haben, was er mit diesem Segen anzufangen hatte.

Aber dann kommt die geballte Wucht Jakob-Israels und des göttlichen Segens auf Joseph.

„Er wird wachsen wie ein Baum an der Quelle, und seine Äste über die Mauer steigen. Sein Bogen bleibt fest und seine Arme stark durch die Hände der MÄCHTIGEN. Er wird der Fels Israels. Von seines Vaters Gott werde ihm geholfen und von dem Allmächtigen Segen gesegnet mit Segen vom Himmel herab, mit Segen der Flut und dem Segen der Brüste und des Mutterleibes. Möge all das kommen auf den Scheitel des Geweihten unter den Brüdern." *(1. Mos. 49)*

Benjamin sollte trotz der fast verausgabten Segenswünsche nicht zu kurzkommen. Er soll wie ein reißender Wolf sein, morgens den Raub fressen und abends die Beute austeilen.

So waren die „lieben Kinder" mit Jakobs Segen bedacht. Und er konnte in Frieden sterben und seinem Wunsch entsprechend dort begraben werden, wo Abraham und seine Sara lagen.

Nach der Beisetzung zogen alle wieder nach Ägypten zurück.

Joseph ist auch hier mit hundertundzehn Jahren gestorben. Zuvor hatte er seinen Brüdern gesagt, daß Gott es gut mit ihnen meine und sie wieder in ihr Land bringen werde. Gott hätte nämlich geschworen, das Land Abraham, Isaak und Jakob zu geben. *(1. Mos. 50)*

(Da fragt man sich, ob Gott bei Gott geschworen habe? Andernfalls wäre ein solcher Eid wohl nicht viel wert.)

*

In Ägypten kam es, wie es kommen mußte. Die Hebräer hatten sich immer mehr ausgebreitet und die Einheimischen in die Enge getrieben. Da packte diese die

Wut, und sie drehten den Spieß um. Jetzt hatten die Leute Israels nichts mehr zu lachen.

Auch war inzwischen ein neuer Pharao auf dem Thron. Mit den Vorrechten der Nachkommen Israels war es vorbei. Nicht nur das, sondern man nahm sie tüchtig ran. Sie mußten schwere Arbeit verrichten, was ihnen gar nicht gefiel. Am liebsten hätten sie weiterhin gewuchert.

Alles spitzte sich mehr und mehr zu, so daß es zu offener Feindschaft kam. Dennoch vermehrten sich die Hebräer unvorstellbar, weshalb die Ägypter alle neugeborenen Söhne in den Nil werfen wollten.

Angeblich soll eine Frau namens Levi ihren männlichen Säugling in einem Kasten im Schilf versteckt haben. Da der kleine Kerl Hunger hatte, schrie er natürlich. Und die Folge davon war seine Entdeckung. Daß diese Geschichte mit einer Tochter des Pharaos, also einer Prinzessin, zusammenhängt, versteht sich für ein Märchen aus dem Orient von selbst.

Der Kleine wurde Moses genannt, was damit zu tun haben soll, daß er aus dem Wasser gezogen wurde. (2. Mos. 1)

(Hierauf beruht wahrscheinlich auch, daß heute noch der jüngste Leichtmatrose an Bord der Moses ist.)

Moses war bald groß und stark und beschützte seine Sippe. Er ermordete sogar einen Ägypter, so daß er sich verstecken mußte. Bei einem Priester ist er unerkannt untergekommen, und er erhielt als Gastgeschenk die Tochter des Priesters. Das war die Zippora.

Moses liebte mehr die Einsamkeit aus bekanntem Grunde. Dabei kam er auf alle möglichen Gedanken. Er fing mit kleinen Zauberkunststücken an und wurde im Laufe der Zeit immer perfekter. Natürlich verlief nichts ohne Versicherung, mit Gott auf bestem Fuße zu stehen. Der HERR erklärte sich auch bereit, das Volk Israel aus Ägypten wieder hinauszuführen. Er versprach, sie in ein Land zu bringen, in dem Milch und Honig fließen sollte. Daß es den Kanaanitern, Hethitern, Amoritern, Perisitern, Hewitern und Jebusitern gehörte, machte fast gar nichts.

Der HERR dachte an alles: Sie sollten nämlich nicht mit leeren Händen aus Ägypten gehen. Am besten wäre, wenn sie kurz vor der Abreise ihre Nachbarn und Hausgenossen des Silbers, des Goldes und der Kleider beraubten und dies als Beute von den Ägyptern nähmen. (2. Mos. 3)

Aber es war noch nicht soweit. Dieser große Haufe wäre entdeckt worden. Gott war deshalb der Meinung, der Moses sollte dem Pharao ein paar Zauberkunststücke vorführen und sagen, diese Macht und andere hätte er vom HERRN erhalten. Dann würde der Pharao Angst bekommen und das Volk Israel ziehen lassen.

Als Moses die Varietevorstellung begann, ließ er einen Stab zur Schlange werden und umgekehrt, die Schlange zum Stab. Da lachten ihn des Pharaos Zauberer aus und meinten, das schafften sie schon lange.

Da Moses stotterte, befahl ihm Gott, er solle seinen Bruder Aaron als Conferencier und Propaganda-Chef einstellen. Er würde mit Worten alle Zuschauer fesseln, während Moses seinen faulen Zauber macht. Zu diesem Gespräch mit Gott war Aaron schon hinzugezogen worden.

Die Übertreibung ging soweit, daß behauptet wurde, Gott habe gesagt, Moses wäre über den Pharao als Gott gesetzt und Aaron sei sein Prophet. Damit meinte man den Pharao einzuschüchtern.

Daß alles keine Dumme-Jungen-Streiche waren, läßt daraus schließen, daß die beiden Herren Levi achtzig und dreiundachtzig Jahre alt waren.

Hatten die israelischen Zauberer ihre ägyptischen Kollegen zuerst gegen sich, so änderte sich das bald. Die Israelis konnten ihre Kollegen davon überzeugen, daß auch sie nur dann eine berufliche Zukunft haben würden, wenn sie zusammenhielten und nicht gegeneinander arbeiteten. Damit sollte allen die geheimnisumwitterte Grundlage des Berufstandes erhalten bleiben.

Da der neue Pharao immer noch nicht einsehen wollte, daß die Zauberer eine gottgewollte Macht ausüben, mußte schwereres Geschütz aufgefahren werden.

So färbten einige Leute der Zaubererzunft nachts eine Strecke Nilwasser rot. Auch die Binnengewässer und Brunnen wurden eingefärbt. Das Volk brach danach in Panik aus, und die Zauberer glaubten sich am Ziel und den Pharao in die Knie gezwungen zu haben. - Es war wieder nichts. Der Pharao ließ die Israelis nicht ziehen.

Die Strategen beobachteten gut die Natur. Sie wußten, daß im Frühjahr die Frösche zu ihren Laichplätzen wandern, fingen sie ein, um sie überall dort zu plazieren, wo die Menschen über sie fallen sollten. Das war bereits die zweite „von Gott geschickte" Plage. Das Volk geriet wieder in Panik, aber beim Pharao war nichts zu erreichen.

Da bei dieser Aktion die natürlichen Feinde der Stechmücken getötet wurden, beschwor sie zwangsläufig die dritte Plage herauf.

Auch die Stechfliegen konnten sich jetzt gut vermehren, und damit kam die vierte Plage.

Zur fünften „gottgewollten" Plage schleppten ein paar Strolche die Maul- und Klauenseuche ein.

Da auch dies beim Pharao nicht zog, wurden viele Leute mit den Blattern infiziert. Jedoch der Pharao blieb hart.

Sogar ein herbstlicher Hagelschauer wurde als von Gott geschickt deklariert, und das dumme Volk der Ägypter fiel darauf herein. Es war schon eine schlimme Irreführung. Eine Heuschreckenplage wurde ebenfalls als Machtmittel der Zauberer ausgegeben.

Zur neunten Plage wurde eine Sonnenfinsternis umfunktioniert.

Dann verkündete Moses vor dem Pharao und dem ägyptischen Volk Gottes letzte Plage. Er drohte, es würden alle Erstgeborenen vom Hause des Pharao an bis zum gemeinen Volk und sogar bis zum Vieh sterben, wenn nicht endlich ihr Wunsch auf Freizügigkeit erfüllt werde.

Moses und sein Manager Aaron hatten gut vorgesorgt. Sie sagten nämlich, daß die Hauspfosten der Israelis mit Viehblut beschmiert werden sollten, damit Gott in diesen Häusern sein Strafgericht nicht ausführen sollte.

Klarer Fall von Kennzeichnung der zu verschonenden Leute, denn die Mörder vollzogen nach einem ausgeklügelten Plan nur dort ihre schändliche Tat, wo kein Blut zu sehen war. *(2. Mos. 7-12)*

Ob die ägyptischen Kollegen auch mit diesem Zauber einverstanden waren, geht aus der Bibel nicht hervor.

Nun hatte auch der Pharao von seinen Asylanten genug. Der Aberglaube muß so groß gewesen sein, daß sich keine Hand rührte, um diese Schandtat auffliegen zu lassen.

Bevor nun das „auserwählte Volk Gottes", die Kinder Israels, sich auf den Weg machten, nahmen sie an sich, was sie an silbernem und goldenem Geschmeide und Kleidern ihres Gastvolkes erwischen konnten. Und alles Volk der Ägypter war froh, daß dieses „auserwählte Volk" endlich verschwunden war. Im Grunde hatten sie mehr Unheil als Gutes heraufbeschworen. Vierhundertdreißig Jahre soll **diese Plage** gedauert haben. *(2. Mos. 12)*

Zu dieser Zeit soll das Passahfest zum Gedenken an den Auszug aus Ägypten eingeführt worden sein. Niemand soll daran teilnehmen, der nicht beschnitten ist. Und natürlich hatte all das der HERR angeordnet, laut Moses.

*

Durch die bühnenreifen Tricks hatte Moses inzwischen die uneingeschränkte Macht eines Medizinmannes erlangt. Er hat sich hauptsächlich mit Gott „unterhalten" und dann seinen Willen beim Volk durchgesetzt. (Übrigens fällt auf, daß hier nie von dem Volk als der „Gesellschaft" gesprochen wird. Diese Wandlung kommt erst sehr viel später bei dem Genossen Mardochai, alias Marx. Aber auch nur dann wird von der Gesellschaft gesprochen, wenn damit ein anderes Volk gemeint ist. Deshalb·gilt bis heute der Begriff der „Gesellschaft" nicht für die Israelis. Sie bleiben reinrassig und daher ein Volk.)

Unverständlich sind in der Bibel die häufigen Wiederholungen gleicher Texte. Liegt es am Stottern des Moses, oder war er bereits vergeßlich geworden? Oder gehört dies zu einer besonderen Eigenart einer besonderen Gesellschaft, wir meinen, eines bestimmten Volkes?

Um nun den richtigen Weg ins gelobte Land zu finden, mußte Gott wieder herhalten. Und ohne weitere orientalische Ausschmückung ist diese Reise unvorstellbar.

Am Tage sollte Gott diese „Gesellschaft" als Wolke führen und bei Nacht als Feuersäule. Der alte Medizinmann und Zauberer Moses hatte noch mehr Kniffe auf Lager. Da der Weg durch die Wüste führte, bediente er sich auch der Fata Morgana und seiner persönlichen Suggestionsfähigkeit. Er ließ die Leute einmal glauben, daß das gesamte ägyptische Heer hinter ihnen her sei, was alle in großen Schrecken versetzte. Ein anderes Mal führte er ihnen mit einem Zauberstab die Teilung des Meeres vor. Links und rechts „sahen" die Menschen das Wasser als Berge stehen. (2. Mos. 14)

Als sie ein Stück gelaufen waren, nahm Moses die gebotene Einbildung von ihnen, so daß die Wasser wieder zusammenflossen. Und der Clou dieser Aktion war, daß das ganze ägyptische Heer darin ertrank. (2. Mos. 14)

Um der größeren Wirkung willen, schob Moses alles auf Gottes Hand und betonte diese großartige Errettung viele Male. Womit wiederum bewiesen war, wie sehr Gott gerade das Volk Israel liebte und alle Widersacher vernichtete.

Da die orientalischen Völker für Übersinnliches und Märchen besonders aufgeschlossen sind, war es nicht schwer, diese wundersamen „Erlebnisse" in ihrem ganzen Gebiet zu verbreiten. Und jeder amtliche Märchenerzähler malte nach persönlichen Fähigkeiten noch ein paar kräftigere Farbtupfer hinzu. Aus diesem Grunde wohl wiederholt sich auch hier vieles mehrfach, und es wird immer noch ein bißchen mehr ausgeschmückt. Am Ende glaubten die Leute selber daran. Womit dieser religiösen Gaukelei immer mehr Auftrieb gegeben wurde.

So bekamen die Völker Angst vor diesem „von Gott auserwählten Volk", wo es nur hinzog. (2. Mos. 15) Und in Kanaan wurde sofort dazu erklärt, daß Gott mehrfach geschworen habe, seinen Lieblingen dieses Land zu geben. Es war klar, daß derjenige, der die Hosen voll hat, nichts dagegen unternehmen konnte. Alles Tricks, die auch heute noch angewendet werden.

Die Lobhudeleien wollten schier kein Ende nehmen. Und hier werden sich die Grünen- und Quoten-Damen besonders freuen: Zum ersten Mal haute die Schwester Miriam buchstäblich auf die Pauke. Sie wurde darauf sofort zur Prophetin erhoben. (2. Mos. 15)

Die israelische Wanderung verlief nicht so ganz nach Wunsch. Die Rationen wurden magerer. Das Volk murrte und wünschte sich an die Fleischtöpfe Ägytens zurück. Da mußte der alte Magier Moses wieder aktiv werden. Er ließ, mit Gottes Hilfe versteht sich, Wachteln und Brot vom Himmel regnen. Das mit den Wachteln hat bestimmt seine natürliche Erklärung. Beim Brot spielt wieder die Suggestion die Hauptrolle. Und das vierzig Jahre lang?

Doch dann kommt's raus: Sie haben Koriandersamen und wilden Honig zu Brot verbacken. Soll das nun ein besonderes Wunder sein? Es soll heute noch Menschen geben, die aus Samen des Getreides Brot backen. Welche Berufe müssen wohl diejenigen auszuüben gewohnt sein, denen diese Tatsache unverständlich ist?

Die Meinung über Moses war im Volk geteilt. Alle waren nicht mehr von seinen Zauberkunststücken zu begeistern. Deshalb nahm Moses nur ein paar Leute mit an den Felsen Herob, um dort mit einem Stab Wasser aus ihm zu schlagen. (2. Mos. 17)

Interessant ist die Geschichte über den Kampf Amaleks gegen Israel. Sobald Moses die Hand hob, siegten sie, ließ er die Hand sinken, so verloren sie. Deshalb wurden seine müden Hände von Aaron und Hur gestützt, und sie gewannen die Schlacht. Jedenfalls erfolgte hier die **wirkliche Endlösung des Volkes um Amalek. Denn die Israelis tilgten sie aus auf Gottes Geheiß.** *(2. Mos. 17)*

Der Moses hat schon etwas von Propagande verstanden; häufige Wiederholungen bestimmter Ziele. Und zum Ende kam der Paukenschlag. So verkündete Moses als „Sprachrohr Gottes": „Werdet ihr nun meiner Stimme gehorchen, so sollt ihr mein Eigentum sein vor allen Völkern; denn die ganze Erde ist mein. Und ihr sollt mir ein Königreich von Priestern und ein heiliges Volk sein." *(2. Mos. 19, 5)*

Ohne seine Trickkiste kam Moses nicht aus. Sie gehörte zu seinem Leben und zu seinem Ritual. Dem staunenden Volk verkündete er, daß Gott ihm in drei Tagen eine der wichtigsten Nachrichten zukommen lassen wolle. Alle sollten sich am Berge Sinai versammeln, aber niemand dürfe ihm auf den Gipfel folgen, außer seinem Assistenten Aaron.

Mit Blitz und Wolken und (Theater-)Donner wird die Zeremonie wirkungsvoll begleitet. Danach steigt Moses herab zum Volk und verkündet die zehn Gebote.

Gegen diese Gebote kann nun wirklich niemand etwas sagen. Sie sind gut, um ein Volk regieren zu können. Sie sind die Lebensweisheiten eines erfahrenen Mannes. Und sie sind auch nur den Israelis als Grundlagen ihres Gemeinschaftslebens auferlegt worden. *(2. Mos. 20)*

Nur wird in der Bibel nicht erwähnt, daß es auch andere Völker gab, bei denen solche Sittengesetze herrschten! Wer hat hier also abgeschrieben?

Es konnte nicht anders sein, daß auch die Rechtsordnung von Gott gekommen ist. Wenn also heute noch das Alte Testament seine Gültigkeit haben soll, - und man besteht ja darauf -, so kann man diese eigenartige Rechtsauffassung nicht übergehen:

Hebräische Sklaven kann man kaufen. (Am Anfang muß sie also einer so einfach zu Sklaven gemacht haben.) Hat der Sklave von seinem Brotherrn eine Frau bekommen, die dann Kinder gebar, konnte der Sklave nach sechs Jahren freigelassen werden. Seine Frau und Kinder durfte der Brotherr jedoch behalten. Hat dieser freiwerdende Sklave aber seine Frau und die Kinder lieb, so daß er bei ihnen bleiben wollte, sollte ihn sein Brotherr vor Gott bringen, ihn an den Pfosten stellen, sein Ohr mit einem Pfriem durchbohren, auf daß er Sklave für immer bleibe. *(2. Mos. 21)*

Hat jemand einen Menschen umgebracht, indem ihm Gott die Hand führte, so wird ihm Gott auch einen Ort bestimmen, wohin er fliehen kann. *(2. Mos. 21)*

„Wenn jemand bei einem Mann liegt wie bei einer Frau, ... so sollen beide des Todes sterben." *(3. Mos. 20, 13)* - Oje, was werden die Grünen dazu sagen und all die fortschrittlichen „Christen"?

Wer aber einen Sklaven schlägt, so daß er noch einen oder zwei Tage am Leben bleibt, so soll er nicht dafür bestraft werden, denn es ist sein Geld. *(2. Mos. 21)*

Wenn ein Rind einen Mann oder eine Frau stößt, daß sie sterben, soll man das Rind steinigen und sein Fleisch nicht essen, aber der Besitzer des Rindes soll nicht bestraft werden. *(2. Mos. 21,28)*

Stößt es aber einen Sklaven oder eine Sklavin, so soll der Besitzer ihrem Herrn dreißig Lot Silber geben, und das Rind soll man steinigen. *(2. Mos. 21, 28)*

Eine ganze Menge Rechtsvorschriften erläßt Moses. Unter anderen: „Wenn einer den andern einer Veruntreuung beschuldigt, es handle sich um Rind oder Esel oder Schaf oder Kleider oder um etwas, was sonst noch verloren gegangen ist, so soll beider Sache vor Gott kommen. Wen Gott für schuldig erklärt, der soll's seinem Nächsten zweifach erstatten." *(2. Mos. 22)*

Wer also den besten Draht zu Gott hat, der ist gut dran. Und Moses hatte den allerbesten!

Todeswürdig ist auch das Tun der Zauberinnen. - Nach der Devise: Haltet den Dieb!

*

Bis heute gilt das Gebot: Du sollst kein falsches Gerücht verbreiten und kein falscher Zeuge sein. *(2. Mos. 23)* - Bloß: Hält sich jemand daran?

„Halte dich fern von einer Sache, bei der Lüge im Spiel ist. Den Unschuldigen sollst du nicht töten." *(2. Mos. 23)* - Allein die Befolgung dieser Gebote würde die Welt heute auf den Kopf stellen.

*

Da Gott nichts tat, was Moses nicht wollte, erfolgten sogleich die Verheißungen, die allen angeblichen Gerechtigkeitssinn über den Haufen warfen:

„Mein Engel wird vor dir hergehen und dich bringen zu den Amoritern, Hethitern, Perisitern, Kanaanitern, Hewitern und Jebusitern, **und ich will sie vertilgen.**" Na bitte, da haben wir's! Und alles im Rahmen der „Mahnungen und Verheißungen"! *(2. Mos. 23, 20)*

Und das Folgende sollte man zweimal lesen und öfter und sich die Gegenwart vor Augen führen:

„Ich will meinen Schrecken vor dir her senden und alle Völker verzagt machen, wohin du kommst, und will geben, daß alle deine Feinde vor dir fliehen. Ich will Angst und Schrecken vor dir hersenden, sie vor dir her vertreiben die Hewiter, Kanaaniter und Hethiter. Aber ich will sie nicht in **einem** Jahr ausstoßen vor dir, auf daß nicht das Land wüst werde und sich die wilden Tiere wider dich mehren. Einzeln nacheinander will ich sie vor dir her ausstoßen, bis du zahlreich bist und das Land besitzt." *(2. Mos. 23, 27)* (So sieht die Bibel als Grundlage einer Religion aus!)

*

Moses, sein Bruder Aaron und noch ein paar Linientreue bestiegen dann den Berg Sinai, um danach einen noch größeren Coup zu landen. Vorsorglich hatte Gott durch sein Sprachrohr Moses befohlen, daß das gemeine Volk und auch die

Eingeweihten nicht den Rest des Weges mitgehen durften. Gott wollte eben nur mit Moses unter vier Augen sprechen.

Als Moses wieder erschien, erklärte er mit viel Brimborium und dem Blut von jungen Stieren, das er über sein Volk verspritzte, daß nun der Bund mit Gott geschlossen sei. Auch habe er alle Worte Gottes aufgeschrieben und seine Rechtsverordnungen von Gott bestätigen lassen.

„Da nahm Moses das Blut und besprengte das Volk damit und sprach: Seht, das ist das Blut des Bundes, den der HERR mit euch geschlossen hat auf Grund aller dieser Worte." *(2. Mos. 24)* Und das Volk jubelte!

Die Trickkiste des Moses war noch lange nicht leer. Moses mußte wieder zum Befehlsempfang zu Gott. Er sollte die steinernen Gesetzestafeln erhalten, die Gott selbst beschriftet hätte. Sicherheitshalber nahm er diesmal seinen Diener Josua mit, um ihn dann aber doch zurückzulassen. So konnte Moses hinter einer Wolke verschwinden, um mit Gott allein zu mauscheln.

*

Der Zwang zu freiwilligen Opfergaben.

Im *2. Buch Mos.* 25 steht dieser widersinnige Satz. Und dies sollte alles für das Heiligtum der Stiftshütte beim Volk erhoben werden: Gold, Silber, Kupfer, blauer und roter Purpur, Scharlach, feine Leinwand, Ziegenhaar, rotgefärbte Widderfelle, Dachsfelle, Akazienholz, Öl für die Lampen, Spezereien zum Salböl, wohlriechendes Räucherwerk, Onyxsteine und eingefaßte Steine zum Priesterschurz und zur Brusttasche.

Dann erläßt Gott angeblich die Vorschriften zum Bau der Bundeslade. Wenn man bedenkt, mit welchen Kniffen der alte Moses gezaubert hat, dann versteht man auch, daß er nicht ohne sein Werkzeug auskommen konnte. Und dazu gehörte die Bundeslade in ihrem Aufbau mit all der Ausstattung und den Cherubim mit Flügeln. Und in diese Bundeslade wurde, nach Angaben des Moses, auch das Gesetz gelegt, Und „zwischen den Cherubim will ich mit dir alles reden, was ich dir gebieten will für die Kinder Israel ..." *(2. Mos. 25)*

Der liebe Gott wird in jener Zeit kaum eine Gelegenheit gehabt haben, sich um andere Dinge in der Welt zu kümmern. Schon die - gelinde gesagt - Landnahme muß ihn sehr beansprucht haben. Hinzu kam die Sorge um all die vielen Einzelheiten in Verbindung mit dem Bau der Stiftshütte und der Bundeslade: Die Schaubrote, den Leuchter, die verschiedensten Brandopfer, den Brandopferaltar, den Vorhof, das Öl für die Leuchter, die Kleidung für die Priester und dergleichen Dinge. Es sieht so aus, als wäre Gott mit Israel allein voll ausgelastet gewesen.

Bei all den vielen Opferarten findet man sich nicht durch. Hier soll nur ein winziger Ausschnitt dieser Rituale als Leseprobe geboten werden *(2. Mos. 29)*:

„Und du sollst alles Fett am Eingeweide nehmen und den Lappen an der Leber und die beiden Nieren mit dem Fett daran und du sollst es auf dem Altar in Rauch aufgehen lassen. Aber das Fleisch, Fell und Mist des Stieres sollst du draußen vor dem Lager mit Feuer verbrennen; denn es ist ein Sündopfer."

„Den anderen Widder aber sollst du nehmen, und Aaron und seine Söhne sollen ihre Hände auf seinen Kopf legen, und du sollst ihn schlachten und von seinem Blut nehmen und es Aaron und seinen Söhnen an das rechte Ohrläppchen streichen und an den Daumen ihrer rechten Hand und an die große Zehe ihres rechten Fußes, und du sollst das Blut ringsum an den Altar sprengen. Und du sollst von dem Blut auf dem Altar nehmen und Salböl und du sollst Aaron und seine Kleider, seine Söhne und ihre Kleider damit besprengen. So werden er und seine Kleider, seine Söhne und ihre Kleider geweiht."

Jeder, der da meint, dieses Thema würde nur einen geringen Platz in der sogenannten Heiligen Schrift einnehmen und doch vielleicht recht unwichtig sein, der lese nach unter 2. *Mos. 23 bis 32.*

Aber im 2. *Mos. 33* tritt dann der alte Landbeschaffer-Gott wieder auf. Doppelt und dreifach hält besser: Gott erinnert daran, daß er Abraham, Isaak und Jakob geschworen habe, mit Hilfe eines Engels die Kanaaniter, Amoriter, Hethiter, Peirsisiter und Jebusiter zu verjagen.

Vielleicht sollten die Ostpreußen, Pommern, Schlesier, Brandenburger und Sudetendeutschen einmal mit einem Nachkommen des Moses sprechen, um den HERRN zu erweichen, ihnen lediglich das Land wiederzugeben, das man ihnen geraubt hat!

Wehe, wenn die vertriebenen Ostdeutschen jedoch mehr für die Nachkommen der Kanaaniter, Hethiter und so weiter gehalten werden sollten ... Wir Deutschen haben es versäumt, Gott zu beschlagnahmen! Wir haben die falsche Religion!

Moses verläßt sich nicht so einfach auf Gott, sondern er sagt ihm, wo's langgeht. So verlangt er als Beweis dafür, daß Moses und sein Volk über alle Völker der Erde erhoben seien, daß sich Gott auszuweisen habe. Er wollte sozusagen seinen Paß sehen. Er verlangte, ihn von Angesicht zu Angesicht zu sehen.

Da Moses bei Erfüllung seiner Forderung seinen Blutsbrüdern hätte erzählen müssen, was und wen er denn nun gesehen habe, fand der alte Zauberer einen perfekten Ausweg.

Kurz bevor das Treffen stattfinden sollte, habe Gott dem Moses gesagt, er solle sich in eine Felsspalte stellen, dann würde Gott seine Hand über Moses halten und vorübergehen. Wenn er vorbei sei, würde er seine Hand wieder zurückziehen. Alles ganz einfach und typisch für theologische Auslegungen: Es war zwar nichts zu sehen, aber Moses habe das Sehen spüren können!

*

Neue Gesetzestafeln - Neuer Bundschluß

Nach 2. *Mos. 34* spricht der HERR zu Moses: „Haue dir zwei steinerne Tafeln, wie die ersten waren, daß ich die Worte darauf schreibe, die auf den ersten Tafeln standen, welche du zerbrochen hast. Und steige auf den Berg Sinai. Und laß niemand mit dir hinaufsteigen." Darauf erschien der HERR in einer Wolke und ging an Moses vorbei. - Wir meinen, das hatten wir schon mal.

Und wieder wird ein Bund geschlossen. Alles wollen die Orientalen mehrfach wiederholt hören.

Und wieder wird Gott dazu verpflichtet, die Amoriter, Kanaaniter usw. im Sinne des „auserwählten Volkes" zu peinigen. (2. Mos. 34, 11)

Aber was soll dies?: „Alle Erstgeburt ist mein, sagt der HERR, alle männliche Erstgeburt von deinem Vieh, es sei Stier oder Schaf. Aber den Erstling des Esels sollst du mit einem Schaf auslösen. Wenn du ihn aber nicht auslöst, so brich ihm das Genick." (2. Mos. 34, 19) (Sollen dies religiöse Handlungen sein?)

Nach vierzig Tagen und Nächten, an denen Moses nichts gegessen und getrunken haben will, kam er mit den beiden Steintafeln den Berg herunter. Vierzig Tage ohne Flüssigkeit auszukommen, kann nur ein Gaukler seinem Publikum erzählen.

*

Ab dem 2. Mos. 35 folgen seitenlange Wiederholungen zu den Themen Sabbatordnung, Freiwillige Gaben für die Stiftshütte, Beauftragung der Kunsthandwerker, Herstellung des Heiligtums, Bundeslade, Tisch der Schaubrote, Leuchter, Räucheraltar, Salböl, Räucherwerk, Brandopferaltar, kupferne Becken, Vorhof, Aufwendungen für das Heiligtum und die Kleidung der Priester.

Um die Menschen nicht durch Müßiggang auf Gedanken der Rebellion kommen zu lassen, werden ellenlange Gesetze über Brandopfer, Speiseopfer, Dankopfer, Sündopfer, Schuldopfer und weitere Opfer verkündet. Durch Amulette und Talismen wird diese Art Glaube gefördert.

Damit man einen kleinen Einblick in die Mentalität dieser Menschen bekommt (3. Mos. 27):

„Wenn aber sonst jemand aus dem Volk aus Versehen sündigt, daß er gegen irgend eines der Gebote des HERRN handelt, was er nicht tun sollte, und so sich verschuldet, und seiner Sünde innewird, die er getan hat, so soll er zum Opfer eine Ziege bringen ohne Fehler für die Sünde, die er getan hat und soll seine Hand auf den Kopf des Sündopfers legen und es schlachten an der Stätte des Brandopfers. Und der Priester soll mit seinem Finger etwas von dem Blut nehmen und an die Hörner des Brandopferaltars tun und alles andere Blut an den Fuß des Altars gießen. All sein Fett soll er abheben, wie man das Fett des Dankopfers abhebt, und soll es in Rauch aufgehen lassen auf dem Altar zum lieblichen Geruch für den HERRN."

Und wenn es kein Ziegenbock ist, so kann es auch ein weibliches Tier sein. Und die ganze Prozedur wird wiederholt.

Es gibt Opfer, von denen kaum ein Mensch gehört haben dürfte wie Schwingopfer und Einsetzungsopfer.

Und dann wird fleißig geopfert. Aaron und seine Söhne eröffnen den Reigen. Aber schon passiert die erste Panne. „Und Aarons Söhne Nadab und Abihus nahmen ein jeder seine Pfanne und taten Feuer hinein und legten Räucherwerk darauf und brachten so ein fremdes Feuer vor den HERRN, das er ihnen nicht geboten hatte, und verzehrte sie, daß sie starben vor dem HERRN. Da sprach Moses zu Aaron: Das ist's, was der HERR gesagt hat: Ich erzeige mich heilig an denen, die mir nahe sind, und vor allem Volk erweise ich mich herrlich. Und Aaron schwieg." *(3. Mos. 10)*

Der schlaue Fuchs Moses war auch in diesem tragischen Fall nicht kleinlich. Natürlich wußte er, daß die Bratpfannen der beiden Söhne bei dem Wetter alles andere als Blitzableiter waren. Sie zogen den Blitz an. Und schon war's passiert.

*

Moses scheint Langeweile gehabt zu haben, denn er ersann immer neue Gesetze, die ihm angeblich der HERR eingeflüstert hat. Zum Beispiel das Gesetz über reine und unreine Tiere.

Interessant ist das Gesetz für die Wöchnerinnen im *3. Mos. 12:*

„Wenn eine Frau empfängt und einen Knaben gebiert, so soll sie sieben Tage unrein sein, wie wenn sie ihre Tage hat. Gebiert sie aber ein Mädchen, so soll sie zwei Wochen unrein sein, wie wenn sie ihre Tage hat und soll sechsundsechzig Tage daheimbleiben in dem Blut ihrer Reinigung."

Das Gesetz über die Feststellung von Aussatz sollte man auch kennen *(3.Mos. 13, 12):*

„Wenn aber Aussatz ausbricht auf der Haut und bedeckt die ganze Haut, vom Kopf bis zum Fuß, alles, was dem Priester vor Augen sein mag, und wenn der Priester ihn dann besieht und findet, daß der Aussatz den ganzen Leib bedeckt hat, so soll er ihn rein sprechen, weil alles an ihm weiß geworden ist; er ist rein."
- **Das ist die „Heilige Schrift"!**

Aber keine Sorge! Moses weiß auch, wie man einen Aussätzigen wieder gesund machen kann:

„Der Priester soll mit dem Kranken hinausgehen und zwei lebendige Vögel nehmen, und Zedernholz und scharlachfarbene Wolle und Ysop. Der eine Vogel soll geschlachtet werden, und er soll den lebendigen Vogel nehmen zusammen mit dem Zedernholz, der scharlachfarbenen Wolle und dem Ysop und ihn in das Blut des Vogels tauchen, der über dem frischen Wasser geschlachtet ist, und siebenmal besprengen, der vom Aussatz zu reinigen ist, und ihn so reinigen und den lebendigen Vogel ins freie Feld fliegen lassen."

Wenn der Menschheit solche „Weisheiten" nicht als Basis einer Religion angeboten würden, sondern als historisches, überholtes Geschehen aus früher Vergangenheit, so wäre nichts dagegen zu sagen. Aber als „Heilige Schrift", die immer noch ihre Gültigkeit haben soll, ist das schon eine starke Zumutung!

Typische Medizinmänner-Methoden finden sich im weiteren Verlauf des *3. Buches Moses.*

Noch eine Kostprobe?: „... Und der Priester soll von dem Blut des Schuldopfers nehmen und es dem, der sich reinigt, auf das Läppchen des rechten Ohrs tun und auf den Daumen seiner rechten Hand und auf die große Zehe seines rechten Fußes. Danach soll er von dem Becher Öl nehmen und es in seine linke Hand gießen und mit seinem rechten Finger in das Öl tauchen, das in seiner linken Hand ist, und etwas vom Öl mit seinem Finger siebenmal sprengen vor dem HERRN."

*

Wenn das Volk Israel jemals und überhaupt Schuld auf sich geladen und gesündigt haben sollte, so gibt es hier ein Patentrezept:
Man nehme zwei Ziegenböcke, opfere den einen dem HERRN, auf den zweiten lege der Priester seine beiden Hände, bekenne die Sünden seines Volkes und jage danach den Ziegenbock in die Wüste. - So einfach ist das! Daher der Name Sündenbock!
Nun kann man zwar mit dieser Religion missionieren gehen, aber der Trick mit dem Sündenbock steht nur dem „auserwählten Volk" zu.
Kommen da nicht einem die Gedanken an das deutsche Volk? Religion her und Religion hin, soweit geht die Liebe nicht! Womit im Grunde bewiesen ist, daß eine solche Religion nicht für alle Völker gedacht sein kann. Schon gar nicht für das deutsche Volk!
Wohl dem Volk, das jährlich einen Sündenbock in die Wüste schicken kann, um dann für ein Jahr Gewissensruhe zu haben!

*

Im *3. Buch Moses* werden Gesetze zur Heiligung des täglichen Lebens erlassen. Wie sähe es aber aus, wenn man die Anhänger dieser Religion beim Wort nähme?
„Ihr sollt nicht stehlen noch lügen noch betrügerisch handeln einer mit dem andern."
„Ihr sollt nicht falsch schwören ..."
„Du sollst deinen Nächsten nicht bedrücken noch berauben."
„Du sollst nicht unrecht handeln im Gericht ..."
„Du sollst nicht als Verleumder umhergehen unter deinem Volk."
Da haben wir's! Da ist von „deinem Volk" die Rede. Man hat also ein ganz reines Gewissen, wenn sich die Verleumdung gegen ein anderes Volk richtet?
Und da steht auch: „Ihr sollt nicht Wahrsagerei und Zauberei treiben." - Im ganzen Alten Testament wimmelt es doch nur davon!
„Du sollst deine Tochter nicht zur Hurerei anhalten ..." (Von der Ehefrau ist nicht die Rede ...!)

*

Um nichts anbrennen zu lassen, verheißt Gott dann wieder einmal, daß er aus dem Land, in dem Milch und Honig fließt, die anderen Völker vertreiben wolle, zum Wohle und Nutzen seines „auserwählten Volkes". (3. Mos. 20)
Übrigens: Damit alles in der engsten Familie bleiben sollte, hatte der HERR durch den Mund Moses angeordnet, der Kaste der Priester das Privileg Aarons und seiner Sippe vorzubehalten. Damit waren ja auch die laufenden Einnahmen aus

den Opfergaben des gemeinen Volkes gesichert, die beim Priester abzuliefern waren. Und es kam eine Menge zusammen, wenn man an all die vielen verschiedenen Opfer denkt.

Die Weisung für die Priester wird noch deutlicher:

„Denn keiner, an dem ein Fehler ist, soll herzutreten, er sei blind, lahm, mit einem entstellten Gesicht, mit irgendeiner Mißbildung oder wer einen gebrochenen Fuß oder eine gebrochene Hand hat oder bucklig oder verkümmert ist oder wer einen weißen Fleck im Auge hat oder Krätze oder Flechten oder beschädigte Hoden hat." *(3. Mos. 21, 18)*

Es sollte an dieser Stelle einmal hervorgehoben werden, mit welcher Geschicklichkeit Moses (oder diejenigen, die später dem Moses dieses alles zugedichtet haben) seine „durch den HERRN" erlassenen Gesetze die Wucht der Autorität zu geben wußte. Immer wieder erscheint in kurzen Abständen die Betonung in wenigen Worten: „Ich bin der HERR!" Wer hätte in damaliger Zeit gewagt, die Worte eines so „begabten" Mannes wie Moses anzuzweifeln? Oder gab es doch Zweifler?

Nach dem *3. Buch Mos. 24* scheint doch einer aufgemuckt zu haben. Dieser Mann, er hatte einen ägyptischen Vater und eine israelische Mutter, muß sich wohl darüber empört haben, was Moses verzapft hat, und was er als „Gottes Wort" auszugeben sich anmaßte. Das war Wasser auf die Mühlen Moses. Er ließ den Mann gefangennehmen und solange einsperren, bis das Urteil Gottes - durch Moses natürlich - gesprochen wurde. Das Urteil war nicht anders zu erwarten: Der Mann wurde von der ganzen Gemeinde gesteinigt. - Im Namen Gottes!

Ein besonderes Merkmal für die „Zuneigung" gegen andere Völker findet man im *3. Buch Mos. 25, 44:*

„Willst du aber Sklaven und Sklavinnen haben, so sollst du sie kaufen von den Völkern, die um euch her sind, und auch von den Beisassen, die als Fremdlinge unter euch wohnen, und von ihren Nachkommen, die sie bei euch in eurem Lande zeugen. Die mögt ihr zu eigen haben und sollt sie vererben euren Kindern zum Eigentum für immer; die sollt ihr Sklaven sein lassen. Aber von euren Brüdern, den Kindern Israel, soll keiner über den andern herrschen mit Härte." - Ist hier die Frage erlaubt, ob die Bibel heute noch Gültigkeit hat?

*

Immer wieder heißt es *(3. Mos. 26):*

„Ihr sollt eure Feinde jagen, und sie sollen vor euch her dem Schwert verfallen. Fünf von euch sollen hundert jagen, und hundert von euch sollen zehntausend jagen; denn eure Feinde sollen vor euch her dem Schwert verfallen." - Dies ist der Inhalt einer Religion!

*

Moses tat überhaupt nichts mehr, was nicht im Namen des HERRN geschah. Das *4. Buch Moses* fängt gleich mit einer Zählung aller Männer für den Heerbann an. Natürlich geschah dies auch mit Hilfe Aarons. Der HERR hatte wohl mit einer

Mobilmachung gerechnet und wollte wissen, was er auf die Beine bringen würde. Es kamen dabei 603.550 Mann zusammen. Der Stamm Levi wurde ausgeklammert, denn dieser sollte nur mit der Hütung des Gesetzes betraut werden und sollte allen Übertretern dann die Leviten lesen.

Tatsächlich wird auch schon ein Mob-Plan (Mobilmachungsplan) entworfen. Die einzelnen Heerbanne werden für die vier Himmelsrichtungen eingeteilt.

Die menschlichen Zweifel liegen klar auf der Hand. Gott der HERR, der alles konnte, sollte nicht in der Lage gewesen sein, eine mißliche Situation auch ohne Hilfe Israels zu meistern? Traute man jenem HERRN doch nicht alles zu? War Gott wirklich der HERR?

*

Das Amt der Leviten wurde bereits erwähnt. „Wenn ein Fremder sich naht, so soll er sterben." (4. Mos. 3, 10)

Das Priesteramt ist ein einträgliches Geschäft. (4. Mos. 5, 9):

„Desgleichen sollen alle Abgaben von allen heiligen Gaben der Kinder Israel, die sie dem Priester bringen, dem Priester gehören. Und was jemand heiligt, das soll auch dem Priester gehören; und was jemand dem Priester gibt, das soll ihm auch gehören."

Nun kann man auch verstehen, warum die Arten der Opfer gar kein Ende nehmen. Nebenbei erwähnenswert wären das Eifersuchtsopfer und das Erinnerungsopfer. (4. Mos. 5, 15)

Und weiter beim 4. Mos. 5, 21:

„Der HERR mache deinen Namen zum Fluch und zur Verwünschung unter deinem Volk dadurch, daß der HERR deine Hüften schwinden und deinen Bauch schwellen läßt! So gehe nun das fluchbringende Wasser in deinen Leib, daß dein Bauch schwelle und deine Hüfte schwinde! Und die Frau soll sagen: Amen! Amen! Dann soll der Priester diese Flüche auf einen Zettel schreiben und mit dem bitteren Wasser abwaschen und soll der Frau von dem bitteren Wasser zu trinken geben. Und wenn das fluchbringende bittere Wasser in sie gegangen ist, soll der Priester von ihrer Hand das Eifersuchtsopfer nehmen und als Speisopfer vor dem HERRN schwingen ... und danach der Frau das Wasser zu trinken geben." Wohl bekomm's!

Damit die Leviten -bei der Hitze und ohne Kühlschränke- die ihnen dargebrachten Opfer nicht verkommen lassen wollten, ordnete Moses an, daß die Gaben nacheinander an verschiedenen Tagen zu bringen wären. (4. Mos. 7) - Und kurz gesagt: Die Leviten lebten wie die Fürsten! Nicht „wie Gott in Frankreich" ist die richtige Redewendung, sondern „wie die Leviten"!

Als das Volk Israel aus der Wüste Sinai aufbrach, mußte Moses gleich zu Beginn jede Art von Defätismus bekämpfen. Natürlich wurde zu diesem Zweck wieder der HERR eingespannt. Moses verkündete, Gott habe von dem Land, das sie zu erobern vorhatten, schlicht aber bestimmt gesagt: „Ich will es euch geben." (4. Mos. 10, 29)

Moses hatte Schwierigkeiten mit seinem Volk. Es murrte und war unzufrieden. Immer wieder mußte er Gott einspannen, um die Lage zu meistern. Und er war nicht zimperlich in der Umgangsform.

Im *4. Mos. 10* befiehlt Moses: „HERR, steh auf! Laß deine Feinde zerstreut werden und alle, die dich hassen, flüchtig werden vor dir!" Und wenn sich der Haufe niederließ: „Komm wieder, HERR, zu der Menge der Tausende in Israel!"

Moses wurde mit den Unruhen im Lager nicht mehr allein fertig. Angeblich auf Gottes Geheiß sammelte er die siebzig Ältesten um sich und ließ wieder seine alten Zauberkunststücke wirken. (Wir kennen solche hypnotischen Vorführstücke aus dem modernen Variete, wo eine ganze Gruppe zu frieren oder zu schwitzen beginnt, je nach dem, was der Zauberkünstler ihnen suggeriert.) Jedenfalls ließ Moses seinen Durchhalte-Geist auf die Versammlung wirken. Der Erfolg blieb nicht aus. Alle waren von diesem Geist erfüllt und „gerieten in Verzückung wie Propheten und hörten nicht auf". *(4. Mos. 11, 25)*

Einem Mann namens Josua war diese Art der Einflußnahme entschieden zuviel. Er sprach mit Moses darüber. Aber Moses meinte, er wäre froh, wenn er es schaffte, das ganze Volk so in der Hand zu haben, daß sich alle wie Propheten fühlten. Damit war die Sache abgetan. *(4. Mos. 11, 27)*

Es gab noch mehr Zweifler im Volk, die in Frage stellten, ob Gott allein durch Moses sprechen würde. (Zu jener Zeit gab es eine Menge „Propheten", Märchenerzähler und Scharlatane.) Auch dieses Problem löste Moses auf gewohnte Weise. Die zweifelnde Mirjam wurde zur Stiftshütte bestellt. Gott (und Moses) erschienen in einer Wolke (wie praktisch!) und lasen ihr die Leviten. Und da die Infizierung mit dem Aussatz keine Schwierigkeiten machte, war die Mirjam nach dieser Unterredung aussätzig.

Endlich hatte die Ungewißheit der Wanderung ein Ende. Kundschafter bestätigten, das Land der Kanaaniter, Amalkiter, Hethiter, Jebusiter und Amoriter sei tatsächlich überaus fruchtbar. Aber sie stellten auch fest, daß es bereits seine Bevölkerung habe, Menschen, die von großer Gestalt waren.

Die Hebräer hatten Angst, etwas zu unternehmen und wollten nach Ägypten zurück. Aber Moses und seine Einpeitscher, die sich wegen des größeren Effekts die Kleider zerrissen, bemühten wieder Gott:

„Fallt nicht ab vom HERRN und fürchtet euch vor dem Volk dieses Landes nicht, denn wir wollen sie wie Brot fressen." *(4. Mos. 14)* Läßt das wohl eine humane Behandlung erwarten?

Um die Leute bei der Stange zu halten, mußte Moses alle psychologischen Kniffe anwenden. Das heißt, im Grunde war es die Methode von Zuckerbrot und Peitsche.

Bei der überaus „freundlichen Lebensart" der Hebräer gegenüber ihren Nachbarvölkern unter der Leitung ihrer Führer waren die Kerbhölze bald voll. Und sicher kam zum schlechten Gewissen die Angst. In solch gespannten Zeiten trat dann Moses auf und verkündete, daß Gott alle diese Missetaten in seiner großen Güte und Barmherzigkeit vergeben habe: „... wie du diesem Volk vergeben hast von

Ägypten bis hierher." *(4. Mos. 14, 19)* - Ist ein solches Volk nicht glücklich zu schätzen? Der Begriff der Absolution hat heute noch seinen Wert.

Um allen Zweiflern das Handwerk zu legen, wird diesen angedroht: „... soll keiner das Land sehen, das ich ihren Vätern zu geben geschworen habe." - Und jeder kannte Moses und wußte, daß er Mittel und Wege finden würde, um solche Leute aus dem Wege zu räumen. Und bitte, im *4. Mos. 14, 36* kommt die Bestätigung: „So starben vor dem HERRN durch die Plage alle Männer, die Moses ausgesandt hatte, um das Land zu erkunden, und die zurückgekommen waren und die ganze Gemeinde gegen ihn zum Murren verleitet hatte ..."

*

Die Leviten scheinen Nachschub für ihre Vorratslager gebraucht zu haben. Moses verkündete dem Volk, welche Opfer sie für kleine und große Sünden abzuliefern hätten.

Das muß man Moses lassen: Er gab nie auf. Widersacher hatte er genug. Sogar die bevorzugten Leute der Priesterkaste waren nicht mit allem einverstanden. Aber sie fanden kein Mittel, Moses so zu begegnen, wie sie ihm hätten begegnen müssen.

Diese Leute sprachen öffentlich mit Moses über dessen Vorherrschaft und wollten dies ändern. Die Folge davon war ein rigoroses Durchgreifen Moses gegen seine Opposition mit ihren Familien, Männern, Frauen und Kleinkindern. Er ließ heimlich eine riesige Fallgrube bauen und alle darin umkommen *(4. Mos. 16)*:

„... Scheidet euch von dieser Gemeinde, damit ich sie im Nu vertilge ... wird auch der HERR etwas Neues schaffen, daß die Erde ihren Mund auftut und sie verschlingt mit allem, was sie haben, daß sie lebendig hinunter zu den Toten fahren, so werdet ihr erkennen, daß diese Leute den HERRN gelästert haben. Und als er alle diese Worte beendet hatte, zerriß die Erde unter ihnen und tat ihren Mund auf und verschlang sie mit ihren Sippen, mit allen Menschen, die zu Korah gehörten, und mit all ihrer Habe. Und sie fuhren lebendig zu den Toten hinunter mit allem, was sie hatten, und die Erde deckte sie zu, und sie kamen um, mitten aus der Gemeinde heraus. Und ganz Israel, das um sie her war, floh vor ihrem Geschrei; denn sie dachten, daß uns die Erde nicht auch verschlinge! Und Feuer fuhr aus dem HERRN und fraß die zweihundertfünfzig Männer, die das Räucherwerk opferten." So steht es in der „Heiligen Schrift"!

Diese Sache hatte ein Nachspiel für Moses. Der Rest des Volkes lehnte sich gegen Moses und Aaron auf. Sie versammelten sich vor der Stiftshütte und sagten, sie beide hätten das Volk getötet. Aber der schlaue Moses zog ein neues Register. Er schickte Aaron zur rebellisch werdenden Menge und verbreitete, Gott würde sie alle wegen ihres Ungehorsams bestrafen. Und er deutete dabei auf den Beginn einer Strafe, indem er auf bereits Kranke und Sterbende zeigte. Aber, so schrie er in die Menge, Moses sei schon dabei, Gott zu veranlassen, von dieser Strafe abzusehen. - Das war noch einmal haarscharf gelungen. Und weitere Zauberkunststücke Moses sorgten für die Beruhigung der Gemüter.

Auch um sich die Leviten wieder gefügig zu machen, versicherte Gott, durch Moses versteht sich, reiche Beute auf dem Wege über die Opfergaben, von denen sie fleißig essen könnten.

Aber auch an Barem sollten sie teilhaben: 10 % vom Zehnten. Die Prozentrechnung hat also eine lange Tradition, die in bewährten Händen liegt.

Immer wieder mußte Moses als Zauberer und Magier seine Fähigkeiten unter Beweis stellen, um sein Volk bei der Stange zu halten.

Inzwischen stirbt Aaron. Auch dieses Ereignis wird ausgeschlachtet, um Moses besonderes Verhältnis zu Gott zu beweisen.

*

Um nicht den Unwillen übereifriger Bibel-Verfechter zu erregen, ist es hier nicht erlaubt, manche Dinge deutlicher beim Namen zu nennen: Der Zug des „auserwählten Volkes" ging weiter. Der König der Kanaaniter wollte sich nicht geschlagen geben. Moses gab Gott neue Versprechen, wenn er ihm und seinem Volk helfen würde: *(4. Mos. 21)*:

„Da gelobte Israel dem HERRN ein Gelübde und sprach: Wenn du dieses Volk in meine Hand gibst, so will ich an ihren Städten den Bann vollstrecken. Und der HERR hörte auf die Stimme Israels und gab die Kanaaniter in ihre Hand, **und sie vollstreckten den Bann an ihnen und ihren Städten."**

Wissen Sie verehrte Leser, was es heißt, den Bann zu vollstrecken? Im Lexikon steht sehr zahm umschrieben und auf die Bibel bezogen: Die Weihung einer Kriegsbeute an die Gottheit. - Da blieb kein Auge trocken!

Auch das Gebiet der Amoriter und seines Königs wurde auf diese Weise annektiert: **„Israel aber schlug ihn mit der Schärfe des Schwerts und nahm sein Land ein ..."** *(4. Mos. 21, 24)*

Der Eroberungszug ging weiter, gegen den König von Basan. *(4. Mos. 21, 24)*:

„Und der HERR sprach zu Moses: Fürchte dich nicht vor ihm, denn ich habe ihn in deine Hand gegeben mit Land und Leuten, und du sollst mit ihm tun, wie du mit Sihon, dem König der Amoriter, getan hast, der in Hesbon wohnt. Und sie schlugen ihn und seine Söhne und sein ganzes Kriegsvolk, **bis keiner mehr übrig blieb,** und nahmen das Land ein."

Schrecklich müssen die Israeliten gewütet haben, so daß selbst das Alte Testament davon spricht:

„... und den Moabitern graute vor den Kindern Israel. Nun wird dieser Haufe auffressen, was um uns herum ist, wie ein Rind das Gras auf dem Felde abfrißt." *(4. Mos. 22, 4)*

In einem echt orientalischen Märchen wird im *4. Mos. 22, 23* über eine Unterhaltung zwischen dem König Bileam und einer Eselin, die der HERR geschickt hatte, berichtet. Man sieht förmlich, wie alle Gläubigen von diesem „Tatsachenbericht" ergriffen sind.

Einen sehr guten Beweis für fromme Reden liefert *4. Mos. 23, 24:*

„Das Volk wird aufstehen wie ein junger Löwe und wird sich erheben wie ein Löwe; es wird sich nicht legen, bis es den Raub verzehrt und **das Blut der Erschlagenen trinkt.**" - Dies steht tatsächlich in der „Heiligen Schrift"!

Kollaborateure gab es schon damals. Der Bileam, der mit der göttlichen Eselin gesprochen hatte, wird im *4. Buch Mos. 23, 24* in den höchsten Tönen gelobt und spricht wie jemand, den man völlig „umgedreht" hat. Wir kennen solche Wendehälse aus neuester Zeit! Und Bileam spricht auch ganz im Sinne von Moses:

„Es wird ein Stern aus Jakob aufgehen und ein Zepter aus Israel kommen und wird zerschmettern die Schläfen der Moabiter und den Scheitel aller Söhne Seths. Edom wird er einnehmen und Seir, sein Feind, wird unterworfen sein; Israel aber wird Sieg haben. Aus Jakob wird der Herrscher kommen und umbringen, was übrig ist von den Städten." - Nein, wir glauben nicht, daß es Bileams eigene Worte waren. Hier sprach ein „Umerzogener", wie wir sie aus jüngsten Tagen kennen!

Der Führer Moses wütete weiter, und wenn er es für nötig hielt, auch im eigenen Volk. Da hatten sich nämlich einige seiner Leute mit den übriggebliebenen Besiegten angefreundet. Aber schon witterte er Verrat. Seine Reaktion finden wir im *4. Mos. 25, 3:*

„.... Da entbrannte des HERRN Zorn über Israel, und er sprach zu Moses: Nimm alle Oberen des Volkes und hänge sie vor dem HERRN im Angesicht der Sonne, damit sich der grimmige Zorn des HERRN von Israel wende. Und Moses sprach zu den Richtern Israels: Töte ein jeder seine Leute, die sich an den Baal-Peor gehängt haben."

Ein anderer Israeli brachte eine Midianiterin ins Lager. Dieser und andere bekamen die Folgen ihrer menschlichen Gesinnung durch die „sanfte" Vergeltung der Priesterkaste zu spüren. *(4. Mos. 25, 7):*

„Als das Pinas sah, der Sohn Eleasars, des Sohnes des Priesters Aaron, stand er auf aus der Gemeinde und nahm einen Spieß in seine Hand und ging dem israelischen Mann nach in die Kammer und durchstach sie beide, den iraelischen Mann und die Frau durch den Leib. Da hörte die Plage auf unter den Kindern Israel. Und es waren aber durch die **Plage getötet worden vierundzwanzigtausend.**"

Damit man nicht auf den Gedanken kommen sollte, es handle um sich nur um die eine Tat, die gewissermaßen aus Versehen und im Übereifer geschah und kurz danach bereut wurde, lese man an derselben Stelle nach *(4. Mos. 25, 10):*

„Und der HERR redete mit Moses und sprach: Pinas, der Sohn Eleasars, des Sohnes des Priesters Aaron, hat meinen Grimm von den Kindern Israel gewendet ..."

Es ist nicht von ungefähr, wenn man von alttestamentarischer Rache und alttestamentarischem Haß spricht. Wir lesen bei *4. Mos. 25, 16:*

„Und der HERR redete mit Moses und sprach: Tut den Medianitern Schaden und schlagt sie; denn sie haben euch Schaden getan mit ihrer List, die sie gegen euch geübt haben durch den Peor und durch die Schwester Kosbi, die Tochter eines Obersten der Medianiter, die erschlagen wurde am Tage der Plage, die um des Peor willen kam."

*

Was die zu erwartende Nachfolge des Moses betrifft, wollte er nichts dem Zufall oder gar einer demokratischen Wahl durch das Volk überlassen.
Er sprach ganz einfach mit Gott. Und dieser sagte ihm, es solle Josua sein. Ein Mann, an den auch Moses bereits gedacht hatte. Welch ein Zufall! Damit aber alles seine Richtigkeit haben sollte, wurde Josua durch den Priester in sein Amt eingeführt.
Moses Gott muß eine sehr ausgeprägte Nase gehabt haben. Immer wieder wird davon gesprochen, daß er die „Feueropferspeise mir zum lieblichen Geruch" wünsche. - Wir werden den Verdacht nicht los, daß die Priesterkaste nur die Düfte opfern wollte, den Braten aber selber aß. Was gar nicht mal so ungeschickt ins Ritual eingebaut war.
Etwas zum Nachdenken für alle Grünen und Emanzen, besonders dann, wenn diese auch noch in Frömmigkeit im Sinne der „Heiligen Schrift" machen *(4. Mos. 30, 9):*
Über das Gelübde einer Frau: „Wenn aber ihr Mann ihr's verwehrt an dem Tage, da er's hört, so macht er sie ihres Gelübdes ledig, das auf ihr liegt, und ihres unbedachten Versprechens, durch das sie sich gebunden hat; Und der HERR wird ihr gnädig sein." - Ob der letzte Satz die Damen versöhnen wird?
Das Wort Rache wird im A. T. wie ein Gebet gehalten. Ob der Zustand der Welt daran liegt, daß es immer noch soviel „fromme" Menschen auf der Erde gibt?
1. Mos. 31: „Und der HERR redete mit Moses und sprach: Übe Rache für die Kinder Israel an den Medianitern, und danach sollst du versammelt werden zu deinen Vätern."
Das war der Inhalt des Lebens eines „frommen" Mannes. Gefällt es Ihnen? Aber in der Bibel hat man es nicht so eilig. Der liebe, gute alte Moses lebt ja noch.
(4. Mos. 31, 7): **„Und sie zogen aus zum Kampf gegen die Medianiter, wie der HERR es Moses geboten hatte, und töteten alles, was männlich war ... Und die Kinder Israel nahmen gefangen die Frauen der Medianiter und ihre Kinder; all ihr Vieh, all ihre Habe und all ihre Güter raubten sie und verbrannten mit Feuer all ihre Städte, wo sie wohnten, und all ihre Zeltdörfer. Und sie nahmen** allen Raub und alles, was zu nehmen war, Menschen und Vieh und brachten's zu Moses und Eleasar, dem Priester, und zu der Gemeinde der Kinder Israel ..."
Man spürt eine innere Erhebung beim Lesen dieser „Heiligen Schrift".
Urteilen Sie selbst, liebe Leser, ob Sie sich von dieser Art Religion angesprochen fühlen:
4. Mos. 31, 14: „Und Moses wurde zornig über die Hauptleute des Heeres, die Hauptleute über tausend und über hundert, die aus dem Feldzug kamen, und

sprach zu ihnen: Warum habt ihr alle Frauen leben lassen! ... **So tötet nun alles, was männlich ist unter den Kindern, und alle Frauen, die nicht mehr Jungfrauen; aber alle Mädchen, die unberührt sind, die laßt für euch leben!"**

Was darf man dazu sagen? Jede deutliche Bezeichnung kann heute bestraft werden!

Und was empfiehlt Moses bezüglich der Beute aus einem Feldzug laut 4. Mos. 31, 21:

„Dies ist das Gesetz, das der HERR dem Moses geboten hat: Gold, Silber, Kupfer, Eisen, Zinn und Blei und alles, was Feuer verträgt, sollt ihr durchs Feuer gehen lassen, so wird es rein; Nur daß es mit dem Reinigungswasser entsündigt werde. Aber alles, was Feuer nicht verträgt, sollt ihr durchs Wasser gehen lassen." - Dieser Fuchs! Er war fürs „Fromme", gepaart mit einem ausgeprägten Sinn fürs Praktische.

Damit nun kein Zank und Streit bei der Verteilung der Beute aufkommen sollte, redete Gott mit Moses, der darauf eine „gerechte" Verteilung bis ins einzelne vornahm. Und die Kaste der Priester, die Leviten, kamen dabei selbstverständlich nicht zu kurz.

Um den Lesern einen Überblick zu verschaffen, wie groß die Menge war (4. Mos. 31, 32):

„Und es betrug die Beute, soviel am Leben geblieben war von dem, was das Kriegsvolk erbeutet hatte, 675.000 Schafe, 72.000 Rinder, 61.000 Esel; an Menschen aber 32.000 Mädchen, die nicht von Männern berührt waren." - Und die Leviten rissen sich davon 32 unberührte Mädchen unter den Nagel!

An den Raubzügen haben sich wohl nicht alle Kinder Israels beteiligt. Die Etappenhengste wollten dennoch an der Landnahme teilhaben. Moses war erbarmungslos dagegen. Mit Gottes Hilfe schickte er diese Leute in die Wüste und ließ sie dort umherirren, bis sie starben. Vorher hatte er ihnen geraten, sich neues Land bei den „feindlichen" Nachbarn nach bewährter Methode zu beschaffen.

*

Das *5. Buch Moses* bringt hauptsächlich Wiederholungen. Es ist eine Art der heute bekannten Memoiren, wie sie gern von Politikern und solchen, die sich dafür halten, verfaßt werden.

Von Sihon, dem König von Hesbon, war hier wohl noch nicht die Rede. Vom Überfall durch die Israeliten erzählt 5. Mos. 2, 33:

„Aber der HERR, unser Gott, gab ihn vor unsern Augen dahin, daß wir ihn schlugen mit seinen Söhnen und seinem ganzen Kriegsvolk. Da nahmen wir zu der Zeit alle Städte ein **und vollstreckten den Bann an allen Städten, an Männern, Frauen und Kindern, und ließen niemand übrigbleiben.** Nur das Vieh raubten wir für uns und die Beute aus den Städten, die wir eingenommen hatten."

In diesem Stil erfreut sich der Schreiber der Taten Moses weiter. Und wir dürfen die dafür angebrachte Brandmarkung nicht öffentlich vornehmen!

Moses ist besorgt um die Zukunft seines Volkes. Er beschwört es, nur immer auf den HERRN, ihren Gott, zu hören, der für alle Zeit nur ihm gehört und keinem anderen Volk. Sollte dies ein Freibrief sein?

*

Wie würden Sie, verehrte Leser, den Inhalt heute verstehen, wenn Sie ihn aus dem 5. Mos. 7 aufmerksam in sich aufnehmen? Würden Sie Vergleiche ziehen?:
„Wenn dich der HERR, dein Gott, ins Land bringt, in das du kommen wirst, es einzunehmen und er ausrottet viele Völker vor dir her, die Hethiter, Girgasiter, Amoriter, Kanaaniter, Perisiter, Hewiter und Jebusiter, sieben Völker, die größer und stärker sind als du, und wenn sie der HERR, dein Gott, vor dir dahingibt, daß du sie schlägst, so sollst du an ihnen den Bann vollstrecken. Du sollst keinen Bund mit ihnen schließen und keine Gnade gegen sie üben und sollst dich nicht mit ihnen verschwägern; eure Töchter sollt ihr nicht geben ihren Söhnen, und ihre Töchter sollt ihr nicht nehmen für eure Söhne."

*

Zur Verheißung des göttlichen Segens gehört 5. Mos. 7, 16:
„Du wirst alle Völker vertilgen, die der HERR, dein Gott, dir geben wird. Du sollst sie nicht schonen und ihren Göttern nicht dienen; denn das würde dir zum Fallstrick werden."

Das 5. Buch Moses ist überschrieben mit: „Ermahnung zur Demut". Es heißt darin: „Höre, Israel, du wirst heute über den Jordan gehen, damit du hineinkommst, das Land der Völker zu nehmen, die größer und stärker sind als du, große Städte, ummauert bis an den Himmel, ein großes, hochgewachsenes Volk, die Enakiter ... So sollst du nun heute wissen, daß der HERR, dein Gott, vor dir hergeht, ein verzehrendes Feuer. **Er wird sie vertilgen und wird sie demütigen vor dir, und du wirst sie vertreiben und bald vernichten, wie dir der HERR zugesagt hat."**

Wer kann schon so mit einer Allmacht Gott umgehen?

Es ist uns untersagt, das 5. Buch Moses 11, 23 zu kommentieren. Bitte, urteilen Sie selbst:

„So wird der HERR alle diese Völker vor euch hertreiben, daß ihr größere und stärkere Völker beerbt, als ihr es seid. Alles Land, darauf eure Fußsohle tritt, soll euer sein: von der Wüste bis an den Berg Libanon und von dem Strom Euphrat bis ans Meer im Westen soll euer Gebiet sein. Niemand wird euch widerstehen können. Furcht und Schrecken vor euch wird der HERR über alles Land kommen lassen, das ihr betretet, wie er euch zugesagt hat."

Wundern Sie sich über das, was zu einer „Heiligen Schrift" gehört?

Die Priesterkaste wird in den Wiederholungen nicht vergessen (5. Mos. 12,19):

„Und hüte dich, daß du den Leviten nicht leer ausgehen läßt, solange du in deinem Land lebst."

Auch wenn die Wiederholungen zu oft erscheinen mögen, so offenbaren sie doch den Text der Bibel. Es muß also von Beginn an einen Sinn gehabt haben. Und warum sollte man die bibelfrommen Menschen nicht darauf stoßen? So können sich diese und auch diejenigen, die einen inneren Abstand zu diesem „erhebenden" Werk haben, daran erfreuen.

5. Mos. 12, 29 sagt:

„Wenn der HERR, dein Gott, **vor dir her die Völker ausrottet,** zu denen du kommst, ihr Land einzunehmen, und du es eingenommen hast, so hüte dich, daß du dich nicht verführen läßt, es ihnen nachzutun, nachdem sie vertilgt sind vor dir, und daß du nicht fragst nach ihren Göttern."

Nun, der Schlaumeier Moses wird gewußt haben, warum sie nicht danach fragen sollten. Waren die anderen Götter vielleicht nicht so blutrünstig?

Moses hing mit Leib und Seele an seinem Gott, unter dessen Wohlwollen soviel Grausames geschehen konnte, den er sich zum Erreichen seines Zieles, der Herrschaft des Volkes Israel, erwählt hatte. Ohne den in seinem Sinne handelnden Gott wäre sein Tun auf Sand gebaut. Deshalb ließ er nichts anderes gelten und bekämpfte jeden anderen Gedanken an eine solche Möglichkeit mit den Mitteln der Ausrottung:

(5. Mos. 13, 15): „So sollst du gründlich suchen, forschen und fragen. Und wenn sich findet, daß es gewiß ist, daß solch ein Greuel unter euch geschehen ist, so sollst du die Bürger dieser Stadt erschlagen mit der Schärfe des Schwerts. Und alles, was in ihr erbeutet wird, sollst du sammeln mitten auf dem Marktplatz und mit Feuer verbrennen die Stadt und ihre Beute als ein Ganzopfer für den HERRN, deinen Gott, daß sie in Trümmer liege für immer und nie wieder aufgebaut werden."

*

Moses wußte, daß er einmal sterben muß und seine Nachfolge so oder so angetreten wird. Um diesem Nachfolger das Leben zu erleichtern, läßt er seinen Gott im 5. Mos. 18, 15 sagen:

„Einen Propheten wie mich wird dir der HERR, dein Gott, erwecken aus dir und aus deinen Brüdern; dem sollt ihr gehorchen."

So ganz einfach scheint das Problem mit den Propheten damals nicht zu lösen gewesen sein. Es gab nämlich „echte" und „unechte". Wer sollte die Auswahl treffen? Und die Zahl der Anwärter stieg ins Sagenhafte. Da bleibt auch im 5. *Buch Mos.* 18, 20 viel Spielraum:

„Doch wenn ein Prophet so vermessen ist, daß er redet in meinem Namen, was ich ihm nicht geboten habe, und wenn einer redet im Namen anderer Götter, dieser Prophet soll sterben ... wenn der Prophet redet im Namen des HERRN und es wird nichts daraus und es tritt nicht ein, dann ist das ein Wort, das der HERR nicht geredet hat."

Wir meinen, es gehört eben eine gute Portion Glück und Geschick zum Geschäft des „Propheten". Oder man richtet sich nach der bewährten Methode des Moses, der bei negativem Ausgang die entsprechende Strafe Gottes bei der Hand hatte.

Leidtragender war das „auserwählte Volk". Der raffinierte Moses blieb ungeschoren.

Wie human und friedfertig hört sich 5. *Mos.* 19, 14 an:

„Du sollst deines nächsten Grenze, die die Vorfahren festgesetzt haben, nicht verrücken in deinem Erbteil, das du erbst, im Lande, das dir der HERR, dein Gott, gegeben hat, es einzunehmen."

Schön gesagt, nicht wahr? Aber erkennen Sie den Pferdefuß bezüglich der Nachbarvölker und deren Länder?

*

Noch einmal werden die „Kriegsgesetze" im 5. *Mos.* 20, 10 behandelt:

„Wenn du vor eine Stadt ziehst, um gegen sie zu kämpfen, sollst du ihr zuerst den Frieden anbieten. Anwortet sie dir friedlich und tut dir die Tore auf, so soll das ganze Volk, das darin gefunden wird, dir **fronpflichtig sein und dir dienen.** Will sie aber nicht Frieden machen mit dir, sondern mit dir Krieg führen, so belagere sie. Und wenn sie der HERR, dein Gott, dir in die Hand gibt, **so sollst du alles, was männlich ist, mit der Schärfe des Schwerts erschlagen.** So sollst du mit allen Städten tun, die sehr fern von dir liegen ..."

In *Vers 19* geht es weiter: „Aber in den Städten dieser Völker hier, die dir der HERR, dein Gott, zum Erbe geben wird, **sollst du nichts leben lassen, was Odem hat ...**"

Kann ein Gott solche Befehle geben? Und: Ist das Ihr Gott?

*

Was halten Sie von diesem Gesetz über die Sühnung eines Mordes von unbekannter Hand *(5. Mos. 21)*:

„Wenn man einen Erschlagenen findet in dem Lande, das dir der HERR, dein Gott, geben wird, es einzunehmen, und er liegt auf freiem Felde und man weiß nicht, wer ihn erschlagen hat, so sollen deine Ältesten und Richter hinausgehen und den Weg abmessen von dem Erschlagenen bis zu den umliegenden Städten. Welche Stadt am nächsten liegt, deren Älteste sollen eine junge Kuh nehmen, mit der man noch nicht gearbeitet hat und die noch nicht am Joch gezogen hat, und sollen sie hinabführen in einen Talgrund, der weder bearbeitet noch besät ist, und dort im Talgrund ihr das Genick brechen. Und die Priester, die Leviten, sollen herzutreten, denn der HERR, dein Gott, hat sie erwählt, daß sie ihm dienen und in seinem Namen segnen ... Und alle Ältesten der Stadt, die dem Erschlagenen am nächsten liegt, sollen ihre Hände waschen über der jungen Kuh, der im Talgrund das Genick gebrochen ist. Und sie sollen anheben und sagen: Unsere Hände haben dies Blut nicht vergossen, und unsere Augen haben's nicht gesehen. Entsühne dein Volk Israel, das du, der HERR, erlöst hat; lege nicht das unschuldig vergossene Blut auf dein Volk Israel." -

Wir fragen uns, was kann die arme Kuh dafür?

*

Moses war nicht nur ein eingefleischter Verfechter aller nur erdenklicher Vorteile für das „auserwählte Volk", sondern auch ein gnadenloser Richter gegen Außenseiter der Familie. (5. Mos. 21, 18)
Todesstrafe für ungeratene Söhne.
„Wenn jemand einen widerspenstigen und ungehorsamen Sohn hat, der der Stimme seines Vaters und seiner Mutter nicht gehorcht und auch, wenn sie ihn züchtigen, ihnen nicht gehorchen will, so sollen ihn Vater und Mutter ergreifen und zu den Ältesten der Stadt führen und zu dem Tor des Ortes und zu den Ältesten der Stadt sagen: Dieser unser Sohn ist widerspenstig und ungehorsam und gehorcht unserer Stimme nicht und ist ein Prasser und Trunkenbold. So sollen ihn steinigen alle Leute seiner Stadt, daß er sterbe, und du sollst das Böse aus deiner Mitte wegtun, daß ganz Israel aufhorche und sich fürchte." - Hier können sich viele sogenannte Gläubige nur ein einziges Scheibchen abschneiden!

*

Wir wollen keineswegs verhehlen, daß auch Brauchbares in der Bibel steht. Zu bedenken ist aber, daß diese Anweisungen für das Leben nur für das „auserwählte Volk" gelten. Vielleicht wäre dies sogar patentfähig (5. Mos. 23, 13):
„Und du sollst draußen vor dem Lager einen Platz haben, wo hin du zur Notdurft hinausgehst. Und du sollst eine Schaufel haben, und wenn du dich draußen setzen willst, sollst du damit graben; und wenn du gesessen hast, sollst du zuscharren, was von dir gegangen ist. Denn der HERR, dein Gott, zieht mit dir inmitten deines Lagers, um dich zu erretten und deine Feinde vor dir dahinzugeben. Darum soll dein Lager heilig sein, daß nichts Schändliches unter dir gesehen werde und er sich von dir wende."
Die Alten Germanen werden es kaum anders gehalten haben, nur machten sie daraus kein „Wort Gottes".

*

5. Mos. 23, 20 hat nichts mit Ausländerhaß zu tun:
„Von dem Ausländer darfst du Zinsen nehmen, aber nicht von deinem Bruder, auf daß dich der HERR, dein Gott, segne in allem, was du unternimmst in dem Lande, dahin du kommst, es einzunehmen." - Das „auserwählte Volk" handelt nur im Sinne der Bibel.

*

Unter den Schutzbestimmungen finden wir verschiedene Verordnungen. Es war Sitte, daß ein Mann, dessen Bruder verstorben war, seine Schwägerin sich zur Frau nahm. Weigerte sich der Schwager, so durfte die Schwägerin folgendes tun (5. Mos. 25, 9):
„So soll seine Schwägerin zu ihm treten vor den Ältesten und ihm den Schuh vom Fuß ziehen und ihm ins Gesicht speien und soll antworten und sprechen: So soll man tun einem jeden Mann, der seines Bruders Haus nicht bauen will! Und sein Name soll in Israel heißen ‚des Barfüßlers Haus'."

Gefährlich konnte es werden, wenn sich zwei Männer streiten und eine Frau sich einmischt *(5. Mos. 25, 11)*:

„Wenn zwei Männer gegeneinander handgreiflich werden und des einen Frau läuft hinzu, um ihren Mann zu erretten von der Hand dessen, der ihn schlägt, und sie streckt ihre Hand aus und ergreift ihn bei seiner Scham, so sollst du ihr die Hand abhauen, und dein Auge soll sie nicht schonen." - Ein bißchen hart, finden wir.

Die Ankündigungen von Fluch und Segen enthalten das, was man nach der Lektüre der Bibel bis dahin auch erwarten kann: Segen nur dem „auserwählten Volk" *(5. Mos. 28, 9)*:

„Der HERR wird dich zum heiligen Volk erheben, wie er dir geschworen hat ... Und alle Völker auf Erden werden sehen, daß über dir der Name des HERRN genannt ist, und werden sich vor dir fürchten ... Und der HERR wird dich zum Kopf machen und nicht zum Schwanz."

Eine Drohung wird auch gegen das „auserwählte Volk" ausgesprochen, wenn es nicht die Gebote Moses-Gottes halten sollte *(5. Mos. 28, 16)*:

„Verflucht wirst du sein in der Stadt, verflucht wirst du sein auf dem Acker ... Verflucht wird sein die Frucht deines Leibes, der Ertrag deines Ackers, das Jungvieh deiner Rinder und Schafe. Verflucht wirst du sein bei deinem Eingang und verflucht bei deinem Ausgang ... bis du vertilgt bist und bald untergegangen bist ... Der HERR wird dir die Pest anhängen ... Der HERR wird dich schlagen mit Auszehrung, Entzündung und hitzigem Fieber, Getreidebrand und Dürre ... wird der HERR Staub und Asche auf dich geben, bis du vertilgt bist ... wirst zum Entsetzen werden aller Reiche auf Erden ... Deine Leichname werden zum Fraß werden allen Vögeln des Himmels und allen Tieren des Landes ... Der HERR wird dich schlagen mit ägyptischem Geschwür, mit Pocken, mit Grind und Krätze ... Der HERR wird dich schlagen mit Wahnsinn, Blindheit und Verwirrung des Geistes ... wirst Gewalt und Unrecht leiden müssen dein Leben lang ... Mit einem Mädchen wirst du dich verloben, aber ein anderer wird es sich nehmen ... Ein Haus wirst du bauen; aber ein anderer wird darin wohnen ... Einen Weinberg wirst du pflanzen; aber du wirst die Früchte nicht genießen ... Dein Rind wird vor deinen Augen geschlachtet werden; aber du wirst nicht davon essen ... Dein Esel wird vor deinem Angesicht mit Gewalt genommen ... Dein Schaf wird deinen Feinden gegeben werden ... Deine Söhne und deine Töchter werden einem andern Volk gegeben werden ... und in deinen Händen wird keine Kraft sein ... und du wirst geplagt und geschunden werden dein Leben lang und wirst wahnsinnig werden bei dem, was deine Augen sehen müssen ... Der HERR wird dich schlagen mit bösen Geschwüren an den Knien und Waden, daß du nicht geheilt werden kannst von den Fußsohlen bis zum Scheitel ... Und du wirst zum Entsetzen, zum Sprichwort und zum Spott werden unter allen Völkern ... Du wirst viel Samen auf das Feld säen, aber wenig einsammeln; denn die Heuschrecken werden's abfressen ... Söhne und Töchter wirst du zeugen und doch nicht behalten; denn sie werden gefangen weggeführt ... Alle Bäume und Früchte deines Landes wird das Ungeziefer fressen ... Der Fremdling, der bei dir ist, wird immer höher über dich emporsteigen; du aber wirst tiefer heruntersinken ... Er wird dir leihen, du aber wirst ihm nicht leihen können; er wird der Kopf sein, und du wirst der Schwanz sein."

Wir dürfen hier unsere Erkenntnisse aus der Bibel nicht aussprechen, um die Herausgabe dieses Buches nicht zu gefährden. Sie, verehrte Leser, werden selber Ihre Schlüsse ziehen.

Sollte das „auserwählte Volk" jedoch alle Gebote des Moses befolgen, so sollten auch all die angenehmen Verheißungen erfüllt werden (5. Mos. 30, 3):

„So wird der HERR, dein Gott, deine Gefangenschaft wenden und sich deiner erbarmen und wird dich wieder sammeln aus allen Völkern, unter die dich der HERR, dein Gott, verstreut hat ... und der HERR, dein Gott, wird dich segnen in dem Lande, in das du ziehst, es einzunehmen."

Und weiter geht es in gewohnter Weise:

„Der HERR, dein Gott, wird selber vor die hergehen. Er selber wird **diese Völker vor dir vertilgen,** damit du ihr Land nehmen kannst. Josua, der soll vor dir hergehen, wie der HERR zugesagt hat. Und der HERR wird mit ihnen tun, wie er getan hat mit Sihon und Og, den Königen der Amoriter, und ihrem Land, die er vertilgt hat."

Moses hatte seinem Volk, mit Gottes Hilfe versteht sich, geweissagt, es würde über den Jordan zur Landnahme ziehen. Und da er sich dem Tode nahe fühlte, wurden die Nachfolge Josuas und der Landraub nahtlos in die nächste Etappe des „auserwählten Volkes" hinübergeleitet.

So wurde der Nachfolger bestens eingearbeitet und mit der notwendigen Autorität des ganz auf ihrer Seite stehenden Gottes ausgestattet (5. Mos. 31, 7):

„Und Moses rief Josua und sprach zu ihm vor den Augen von ganz Israel: Sei getrost und unverzagt; denn du wirst dies Volk in das Land bringen, das der HERR ihren Vätern geschworen hat, ihnen zu geben, und du wirst es unter sie austeilen."

Sie waren einfach nicht davon abzubringen, das Land anderer zu beanspruchen!

(5. Mos. 31, 14): „Und der HERR sprach zu Moses: Siehe, deine Zeit ist herbeigekommen, daß du sterben mußt. Rufe Josua, und tretet hin zur Stiftshütte, daß ich ihm Befehl gebe. Moses ging hin zu Josua, und sie traten hin zur Stiftshütte. Der HERR aber erschien in der Hütte in einer Wolkensäule, und die Wolkensäule stand in der Tür der Hütte."

Nun hatte Josua auch den Zauber mit dem HERRN in der Wolke gelernt. Die Fingerfertigkeiten gehören eben auch zum Geschäft eines erfolgreichen Magiers!

Das *5. Buch Mos. 31, 24 ff.,* besonders *26,* sollte man aufmerksam lesen und in Erinnerung behalten, denn es ist wichtig für die angeblich historischen Tatsachen des A. T.:

„Als nun Moses damit fertig war, die Worte dieses Gesetzes vollständig in ein

Buch zu schreiben, gebot er den Leviten, die die Lade des Bundes des HERRN trugen, und sprach: *(26) Nehmet das Buch dieses Gesetzes und legt es neben die Lade des Bundes des HERRN, eures Gottes, daß es dort ein Zeugnis sei wider dich."*

Bis zur Stunde dieses Gebotes hatten in der Bundeslade nur die zwei Steintafeln mit den zehn Geboten gelegen, die auf dem Sinai von Moses in Stein geritzt waren.

So wurde - nach der Bibel! - Jahrhunderte hindurch von niemand das Buch gesehen. Der Hohepriester sprach statt dessen mit Jahweh selbst, wenn dieser sich von Zeit zu Zeit auf der Bundeslade auf den Flügeln des bocksbeinigen Cherubim im dunklen Allerheiligsten des Tempels niederließ.

Erst unter dem König Salomo (965 - 926 vor unserer Zeitrechnung, also rund 500 Jahre später) wurde die Bundeslade geöffnet, und siehe da, die einzige unmittelbare Gottoffenbarung auf dieser Erde in jener Zeit, der Pentateuch, die Thora, die fünf Bücher Moses mit der Schöpfungsgeschichte, der Geschichte der Juden bis zu Moses Tod, mit den Gesetzen Moses waren überhaupt nicht mehr drin! **Das Buch der Bücher war auf irgendeine Weise verloren gegangen! Wenn es überhaupt jemals existiert haben sollte!!**

Dazu der Beweis unter *1. Könige 8:*

„6: Also brachten die Priester die Lade des Bundes Jahwehs an ihren Ort, in den Chor des Hauses, in das Allerheiligste unter die Flügel des Cherubim ...

9: Und war nichts in der Lade denn nur zwei steinernen Tafeln des Moses, die er hineingelegt hatte am Horeb, da der HERR mit den Kindern Israel einen Bund machte, da sie aus Ägypten gezogen waren."

Um die ganze Fragwürdigkeit komplett zu machen, muß erwähnt werden, daß die Lade selbst mit diesem Inhalt später völlig verschwand!

*

Das Leben des Moses neigte sich dem Ende zu. Im *5. Mos. 32* findet man „Das Lied des Moses", in dem er seinen so häufig gepriesenen Gott Dinge sagen läßt, für die heute jeder Mensch damit rechnen müßte, ins Gefängnis zu wandern:

(41): „Wenn ich mein blitzendes Schwert schärfe und meine Hand zur Strafe greift, so will ich mich rächen an meinen Feinden und denen, die mich hassen, vergelten. **Ich will meine Pfeile mit Blut trunken machen, mit Blut von Erschlagenen und Gefangenen, von den Köpfen streitbarer Feinde!"**

(43): „Preiset, ihr Heiden, sein Volk; denn er wird das Blut seiner Knechte rächen und wird an seinen Feinden Rache nehmen und entsühnen das Land seines Volkes!"

So sieht der Gott der „Heiligen Schrift", der Bibel, aus. Ist dies Ihr Gott?

Die letzten Worte Moses entsprechen dem, wie er gelebt hatte (5. Mos. 33, 27): „... **Er hat vor dir deinen Feind getrieben und geboten: VERTILGE!"**

(34, 5): „So starb Moses, der Knecht des HERRN, daselbst im Lande Moab nach dem Wort des HERRN."

(6): „Und er begrub ihn im Tal, im Lande Moab gegenüber Beth-Peor. Und niemand hat sein Grab erfahren bis auf den heutigen Tag."

(7): „Und Moses war hundertundzwanzig Jahre, als er starb."

*

Die gut vorbereitete Nachfolge klappte hervorragend. *Im 5. Mos. 34, 9* heißt es: „Josua aber, der Sohn Nuns, wurde erfüllt mit dem Geist der Weisheit; denn Moses hatte seine Hände auf ihn gelegt."

Besser hätte es wohl heißen sollen: Denn Moses hatte seine Hände im Spiel!

Bezeichnend ist der letzte Vers des *5. Mos. 34, 12:*

„Und mit all der mächtigen Kraft und **den großen Schreckenstaten, die Moses vollbrachte** vor den Augen von ganz Israel."

Mit diesen letzten Worten wird der Lebensinhalt des Moses mit Hilfe seines Gottes unterstrichen. So kann uns keinerlei böse Absicht unterstellt werden, wenn wir die sogenannte „Heilige Schrift" all den Menschen näherbringen wollen, die man mit dieser Hilfe beherrschen will.

*

Das Buch Josua

Unsere Hoffnung auf gemäßigtere und friedvollere Töne wurde nicht erfüllt.

In *Jos. 1, 2* spricht der HERR in gewohntem Ton mit Josua:

„Mein Knecht Moses ist gestorben; so mach dich denn auf und zieh über den Jordan, du und dies ganze Volk, in das Land, das ich ihnen, den Kindern Israel, gegeben habe."

Und *Vers 5* läßt alle Hoffnung auf eine freundlichere Gesinnung sinken:

„Es soll dir niemand widerstehen dein Leben lang. Wie ich mit Moses gewesen bin, so will ich auch mit dir sein. Ich will dich nicht verlassen noch von dir weichen." Der Josua wurde natürlich mit Bedacht und Umsicht von Moses ausgesucht. Und diese Wahl zeigte sich bereits am Beginn seiner Führerschaft als gelungen.

Josua ging sofort ans Werk, an die Eroberung des Landes jenseits des Jordans. Sicher wird Josua zuerst Bedenken gehabt haben, ob ihm seine Leute die Gefolgschaft halten werden. Aber er konnte beruhigt sein. Sie sagten ihm:

Jos. 1, 18: „Wer deinem Mund ungehorsam ist und nicht deinen Worten gehorcht in allem, was du uns gebietest, der soll sterben."

Und schon ging der erste Krieg los. Josua schickte Kundschafter aus, die sich bezeichnenderweise bei einer Hure einquartiert und versteckt hatten. Wahrscheinlich haben sie diese Frau bedroht, bestochen oder auch gut entlöhnt. Dafür war sie bereit, ihre eigenen Landsleute zu verraten. Es kann aber auch die nackte

Angst vor dem „auserwählten Volk" gewesen sein, denn der Ruf, der diesen „freundlichen" Leuten vorausging, ließ viele Menschen verzagen.

Die Bundeslade voran zog das Volk Israel zum Jordan. Und immer wieder mußte Josua als Einpeitscher sein Volk für das gewagte Unternehmen kampfbereit machen *(Jos. 3, 10)*:

„Daran sollt ihr merken, daß ein lebendiger Gott unter euch ist und daß er vor euch vertreiben wird die Kanaaniter, Hethiten, Perisite, Girgasiter, Amoriten und Jebusiter."

Und schon läßt Josua auch das erste Wunder geschehen. Der Jordan, der viel Wasser führte und über die Ufer getreten war, - wie in der Bibel steht - wurde auf einmal trocken. Die Wasser hätten sich „aufgerichtet wie ein einziger Wall" so daß das „auserwählte Volk" trockenen Fußes ans andere Ufer gelangen konnte. - Solche Zauberkunststücke könnten alle Staudammbauer gut gebrauchen. Leider gibt es keine Propheten unter ihnen.

Josua entwickelte sich schnell zum Führer und Herrscher des Volkes Israel *(Jos. 4, 13)*:

„An vierzigtausend zum Krieg gerüstete Männer gingen vor dem HERRN her zum Kampf ins Jordantal nach Jericho. An diesem Tage machte der HERR den Josua groß vor ganz Israel. Und sie fürchteten ihn, wie sie Moses gefürchtet hatten, sein Leben lang."

Es versteht sich von selbst, daß der Jordan nach dem Durchmarsch wieder seine Wasser rauschen ließ. Wir brauchen aber gar nicht lange darüber zu grübeln, wie die Sache mit dem Zurückweichen des Jordanwassers wohl gelaufen sein könnte. Wir brauchen heutzutage nur die Zeitungen aufmerksam zu lesen und zu prüfen, was von manchen Meldungen übrig geblieben ist. Oder auch die Angaben aus dem Talmud, daß die Zahl der von den Römern beim Fall der Festung Bethar im Sommer 135 n. d. Zeitwende erschlagener Juden 4 Milliarden - oder, wie manche sagen, 40 Millionen - betragen habe. Man stelle sich also vor: 40 Millionen Menschen in einer Festung! Und bitte: Keinerlei Vergleiche!

Jedenfalls wurde dieses Märchen vom Marsch durch den Jordan fleißig weitererzählt. Und die Nachbarvölker bekamen es mit der Angst zu tun, da sie von solchen Unmöglichkeiten bisher noch nie gehört hatten. - Heute nennt man dies „psychologische Kriegführung"! Wir fragen uns, welchem religiösen Empfinden es wohl für wichtig erscheint, daß Josua zu diesem Zeitpunkt alle Israeliten beschneiden ließ. Weil es in den letzten vierzig Jahren versäumt worden war? Er wird schon seine Gründe gehabt haben:

„Und der HERR sprach zu Josua: Heute habe ich die Schande Ägyptens von euch gewälzt." *(Jos. 5, 9)*

Die alten Tricks waren immer noch Brauch *(Jos. 5, 13)*:

„Und es begab sich, als Josua bei Jericho war, daß er seine Augen aufhob und gewahr wurde, daß ein Mann ihm gegenüber stand und ein bloßes Schwert in seiner Hand hatte. Und Josua ging zu ihm und sprach zu ihm: Gehörst du zu uns oder zu unseren Feinden? Er sprach: Nein, sondern ich bin der Fürst über das Heer des HERRN und bin jetzt gekommen. Da fiel Josua auf sein Angesicht zur Erde nieder, betete an und sprach zu ihm: Was sagt mein HERR seinem Knecht? Und der Fürst über das Heer des HERRN sprach zu Josua: Zieh deine Schuhe von deinen Füßen; denn die Stätte, darauf du stehst, ist heilig. Und so tat Josua."

Wir sind enttäuscht über diese magere Geschichte. Bisher wurden wir mit Bedeutenderem überrascht. Aber vielleicht übte er noch?

Vor Jericho geschieht dann das große Wunder. Josua läßt Posaunenbläser über sechs Tage hindurch um die Stadt ziehen und blasen, was die Lungen hergeben. Am siebten Tag sollte das ganze Volk Israel zusätzlich ein wüstes Kriegsgeschrei anfangen und dann sollten die Stadtmauern umfallen. Ja, richtig, die Bundeslade durfte bei dieser Aktion nicht fehlen! Alles geschah, wie der HERR vorausberechnet hatte.

Beim angeblichen Geschehen fällt uns die Möglichkeit ein, wie es mit Glas passieren kann, wenn ein schriller Ton es bis zum Zerspringen mitschwingen läßt. Das spräche nicht gerade für eine besonders angenehme Musikalität des „auserwählten Volkes". Oder ob hier die Mauern schon so hinfällig waren? Vielleicht waren sie aus Kamelmist gebaut und ein Dauerregen hatte alles aufgeweicht?

Vielleicht war aber auch eine Art Trojanisches Pferd im Spiel. Denn am Anfang wurde bereits gesagt, daß eine Hure namens Rahab eine Patrouille in die Stadt gelassen hatte. Es könnten durchaus Pioniere gewesen sein. *Jos 6, 16* sagt darüber:

„... Denn der HERR hat euch die Stadt gegeben. Aber diese Stadt und alles, was darin ist, soll dem Bann des Herrn verfallen sein. Nur die Hure Rahab soll am Leben bleiben und alle, die mit ihr im Hause sind; denn sie hat die Boten verborgen, die wir aussandten".

Da fragt man sich, wie die Redensart aufkommen konnte: Der Feind liebt den Verrat, aber nicht den Verräter? Denn die Verräter leben bis auf den heutigen Tag immer noch am sorglosesten! Und die Huren sind ihre Idole!

Und wie gehabt, die „Freundlichkeiten" des darin geübten „auserwählten Volkes" gingen weiter:

Jos. 6, 20: „... Da fiel die Mauer um, und das Volk stieg zur Stadt hinauf, ein jeder stracks vor sich hin. So eroberten sie die Stadt und vollstreckten den Bann an allem, was in der Stadt war, mit der Schärfe des Schwerts, an Mann und Weib, jung und alt, Rindern, Schafen und Eseln." **Es war die Endlösung für das Volk von Jericho!**

Natürlich wurde die Stadt, bevor sie verbrannte, geplündert!

Das genügte nicht! Josua verfluchte zusätzlich diejenigen, die es wagen sollten, je diese Stadt wieder aufzubauen. Wer es dennoch versuchen wollte, den sollte es den Erstgeborenen kosten. Und wenn das noch nicht als Abschreckung zog, sollte sein Tun mit dem Leben seines jüngsten Sohnes bezahlt werden. Und der HERR war mit Josua!

Das „auserwählte Volk" war mit diesem Krieg noch nicht am Ende. Es zog weiter nach Osten und glaubte, das nächste Ziel im Handstreich, mit geringen Kräften, nehmen zu können. Sie hatten sich jedoch verrechnet und wurden geschlagen. Und sie fürchteten, daß die Nachbarvölker von dieser Schlappe erfahren würden.

*

Mit großem Aufwand zerriß Josua seine Kleider und jammerte mit den Ältesten, streuten sich Staub auf den Kopf und riefen den HERRN um Hilfe an. Danach fand Josua eine Erklärung für die Niederlage: Da hatten sich bei der Plünderung Jerichos einige Stammesgenossen die Taschen zu voll gestopft und zu wenig abgeliefert. Diese Privat-Räuber ließ Josua nun zur Kasse bitten und führte insgesamt mehr Strenge ein. Zur Abschreckung ließ er einen dieser Räuber mit seiner ganzen Familie vor der Stadt steinigen. Damit hatte Josua die Ordnung wieder hergestellt.

Und weiter ging der Beutezug. So wurde die nächste Schlacht geschlagen, der König gefangen, später ermordet und sein Volk wurde restlos niedergemacht, insgesamt zwölftausend!

Zum Dank für dieses ..., mit des HERRN Hilfe, ließ Josua einen Altar errichten.

Ein treffendes Beispiel für die „Wahrheitsliebe" des A. T. finden wir in *Jos. 10, 12:*

„Damals redete Josua mit dem HERRN an dem Tage, da der HERR die Amoriter vor den Kindern Israel dahingab, und er sprach in Gegenwart Israels: Sonne steh still zu Gibeon, und Mond, im Tal Ajalon! Da stand die Sonne still und der Mond blieb stehen, bis sich das Volk an seinen Feinden gerächt hatte. Ist dies nicht geschrieben im Buch des Redlichen? So blieb die Sonne stehen mitten am Himmel und beeilte sich nicht unterzugehen fast einen ganzen Tag. Und es war kein Tag diesem gleich, weder vorher noch danach, daß der HERR so auf die Stimme eines Menschen hörte; **denn der HERR stritt für Israel.**"

Damals vielleicht konnte man die Menschen mit solch haarsträubenden, aber doch faustdicken ... na, sagen wir „Erzählungen" noch beeindrucken. Wollen wir wetten, daß die Theologen durchaus eine echte Auslegung bei der Hand haben?

Zur Charakterisierung des *Josua* gehört sein Buch, *10, 24:*

„Als aber die fünf Könige zu ihm herausgebracht waren, rief Josua alle Männer Israels zu sich und sprach zu den Obersten des Kriegsvolks, die mit ihm zogen: Kommt her und setzt euere Füße auf ihre Nacken. Und Josua sprach zu ihnen: **Fürchtet euch nicht und erschreckt nicht, seid getrost und unverzagt; denn ebenso wie der HERR allen euren Feinden tut, gegen die ihr kämpft. Und Josua schlug sie danach tot und hängte sie an fünf Bäumen ...**"

Jos. 10, 28: „An diesem Tag eroberte Josua Makkeda und schlug es mit der Schärfe des Schwerts samt seinem König und vollstreckte den Bann an der Stadt und allen, die darin waren, **und ließ niemand übrig** und tat mit dem König von Makkeda, wie er mit dem König von Jericho getan hatte."

Es ist „beruhigend" zu wissen, daß dies alles in der Bibel steht!

*

Die „Kirchensteuer-Christen" werden sicher sprachlos sein über soviel Mord und Totschlag in ihrer „Heiligen Schrift". Wir können dies verstehen. Aber sie hatten ja Gelegenheit, in ihrem „Wort Gottes" zu lesen. Warum taten sie es nicht? - Religion sollte man sich nicht aufzwingen lassen! Jeder Mensch muß selbst zu seiner Religion finden! Wenn der einzelne sie auf dem Alten Testament, wie wir es eben gelesen haben, aufbauen will, so soll die Bibel seine „Heilige Schrift" bleiben. Sollte er aber entsetzt sein über soviel Lug, Trug und Grausamkeit und sollte er andere, positivere Werte als Ideale haben, dann lohnt sich das Nachdenken.

Jos. 10, 29: „Da zogen Josua und ganz Israel von Makkeda nach Libna und kämpften gegen Libna. Und der HERR gab auch dieses mit seinem König in die Hand Israels; und schlug die Stadt mit der Schärfe des Schwerts und alle, die darin waren und **ließ niemand darin übrig** und tat mit dem König, wie er mit dem König von Jericho getan hatte."

Jos. 10, 32: „Und der HERR gab auch Lachisch in die Hände Israels, das sie am nächsten Tag eroberten und **erschlugen mit der Schärfe des Schwerts und alle, die darin waren,** ganz wie sie mit Libna getan hatten."

Danach zog Josua nach Horam und schlug den König von Geser und dessen Leute **bis niemand übrig blieb.** Von hier ging er nach Eglos, eroberte die Stadt und vollstreckte den Bann an allen, wie er es bisher getan hatte.

Es nimmt dieses mörderische Verhalten schier kein Ende. Alle Städte und ihre Bewohner werden niedergemacht und umgebracht.

Aber lassen wir die „Heilige Schrift" selbst sprechen *(Jos. 10, 40):*

„So schlug Josua das ganze Land auf dem Gebirge und im Süden und im Hügelland und an den Abhängen mit allen seinen Königen **und ließ niemand übrig und vollstreckte den Bann an allem, was Odem hatte,** wie der Herr, der Gott Israels, geboten hatte ... und unterwarf alle diese Könige mit ihrem Land auf einmal; denn der HERR, der Gott Israels, stritt für Israel."

Da kann man wirklich nur noch „Amen!" sagen.

Wer nun denkt, diese Untaten wären genug gewesen, der irrt. Schon im nächsten Kapitel geht der Kampf weiter. Zwar wollen sich die bedrohten Völker zusammenschließen und sich vor Israel schützen, aber in *Jos 11 ,7* wird uns folgendes berichtet:

„Da kamen Josua und das ganze Kriegsvolk mit ihm plötzlich über sie am Wasser von Merom und überfielen sie. Und der HERR gab sie in die Hände Israels, und sie schlugen sie, und jagten ihnen nach bis Sidon, der großen Stadt, und bis Misrephoth-Majimund bis an die Ebene von Mizpi im Osten und erschlugen sie, **bis niemand mehr unter ihnen übrig blieb.** Da tat Josua mit ihnen, wie der HERR ihm gesagt hatte ... eroberte Hazor ... erschlug seinen König mit dem Schwert ... und sie erschlugen alle, die darin waren, mit der Schärfe des Schwerts und vollstreckten den Bann an ihnen, und nichts blieb übrig, was Odem hatte, und er verbrannte Hazor mit Feuer ... eroberte Josua alle Städte dieser Könige mit ihren Königen und erschlug sie ... wie Moses, der Knecht des HERRN, geboten hatte ... Und die ganze Beute dieser Städte und das Vieh teilten die Kinder Israel unter sich ... **aber alle Menschen erschlugen sie** ... bis sie vertilgt waren, und ließen nichts übrig."

Nein, meine verehrten Leser, dies ist kein Krimi von heute! Dies ist die „Heilige Schrift"!

Wir würden diesem Treiben gern ein Ende machen. Aber leider lebt Josua noch und das Gewohnte geht weiter.

Im selben Kapitel, *Vers 21* steht:

„Zu der Zeit kam Josua und rottete aus und ließ keine Enakiter übrig ..." Und damit man erkennt, daß es sich nicht um übliche Redewendungen handelt, wird in *Vers 22* hervorgehoben: „... in Asdod; dort blieben einige von ihnen übrig."

Am Schluß dieses Kapitels rühmt sich Josua, einunddreißig Könige geschlagen zu haben. - Vielleicht hat er sich jetzt ausgetobt und es kehrt Ruhe ein. Denn Josua „war alt und hochbetagt".

Das sah wohl auch der HERR ein, aber er erinnerte Josua daran, daß „noch sehr viel Land einzunehmen" war. So wurde dann schon mal das Land verlost unter den Stämmen Israels. Doch die Ruhe trat trotzdem nicht ein. Sie hatten noch eine Menge zu tun und vertrieben oder vertilgten verstreute Reste in den eroberten Gebieten.

Bei der Landverteilung kam es zu Reibereien unter den Stämmen Israels. Viele fühlten sich bei der Verteilung der „kassierten" Gebiete benachteiligt. Und Josua löste solche Probleme damit, daß er diesen Leuten empfahl, sich an den Nachbarn, deren Land noch nicht genommen war, schadlos zu halten. - Da nach Meinung der Juden und der Christen die Bibel durchaus noch heute ihre Gültigkeit hat, wäre das wohl auch eine empfehlenswerte Methode für heutige Fälle?

Mit *Jos. 21, 43* könnte man zusammenfassen: Ende gut, alles gut!: „So hat der HERR Israel das ganze Land gegeben, das er geschworen hatte, ihren Vätern zu geben, und sie nahmen's ein und wohnten darin ... und keiner ihrer Feinde widerstand ihnen, sondern alle ihre Feinde gab er in ihre Hände."

Von den Endlösungen dieser Völker sprach und spricht heute niemand!

Und denen, die wieder zu ihrem alten Platz zurückkehrten, sagte der HERR in *Jos. 22, 3*:

„... Ihr kommt wieder heim mit großem Gut zu euren Wohnstätten, mit sehr viel Vieh, Silber, Gold, Kupfer, Eisen und Kleidern. So teilt nun die Beute eurer Feinde mit euren Brüdern." - Na, wenn das kein guter „Zug" sein soll!

Josua, dieser „Menschenfreund", lebte immer noch. Er ermahnte sein Volk, sich ja nicht mit anderen Völkern zu vermischen. Denn Gott habe es so befohlen.

Wir verstehen gar nicht, wie man es den anderen Völkern übelnehmen konnte (und heute noch übelnimmt!), wenn man ihren Geboten entgegenkam, sie in ihrem Sinne bestärkte. Sollten andere Absichten dahintergesteckt haben? Manchmal wird man wirklich nicht klug aus den Hebräern.

Josua droht mit der Gott-Keule in *Jos. 23, 12:*

„Wenn ihr euch abwendet und diesen Völkern, die noch übrig sind, anhangt und euch mit ihnen verheiratet, daß ihr zu ihnen eingeht und sie in euch, so wißt, daß der HERR, euer Gott, nicht mehr alle diese Völker vor euch vertreiben wird, sondern sie werden euch zum Fallstrick und Netz und zur Geißel für euern Rücken und zum Stachel in euren Augen, bis ihr ausgerottet seid aus dem guten Land, das euch der HERR, euer Gott, gegeben hat."

Wo gibt es ein anderes Volk auf der Erde, das ähnliche Methoden angewendet hat; noch dazu alles religiös untermauert. Uns kommt es vor, als säßen die Christen vor diesem Problem wie das Kaninchen vor der Schlange. Ob das Kaninchen sein Schicksal ahnt?

Bis zum letzten Atemzug bekniet Josua sein „auserwähltes Volk", ja bei der Stange zu bleiben und läßt Gott sprechen *(JOS. 24, 13):*

„Und ich habe euch ein Land gegeben, um das ihr euch nicht bemüht habt, und Städte, die ihr nicht gebaut habt, um darin zu wohnen, und eßt von den Weinbergen, die ihr nicht gepflanzt habt."

Endlich stirbt Josua im Alter von hundertundzehn Jahren. Das soll so um das Jahr 1200 vor der Zeitrechnung gewesen sein.

*

Das Buch der Richter

Jung gewohnt, alt getan: Das Volk Israel kannte nur diese Art: Es fragte Gott, seinen HERRN, wie es ohne Josua weitergehen sollte; wer nun Krieg zu führen hätte. Gott, der HERR, hatte keine andere Aufgaben und war deshalb auch gleich zur Stelle; und er hatte die passende Antwort bereit. Juda sollte hinauf gehen und mit den Kanaanitern kämpfen. Juda zog also los und schlug in einem Abwasch auch gleich die Perisiter. Zehntausend mußten dran glauben. Adoni Besek muß ein geschlagener König gewesen sein. Er konnte zwar fliehen, wurde aber später gefaßt. *Richter 1, 6* berichtet darüber:

„Aber Adoni-Besek floh, und sie jagten ihm nach. Und als sie ihn griffen, hieben sie ihm die Daumen ab an seinen Händen und Füßen."

Es geht eben nichts über eine humane Kriegsführung!

Und in *Vers 8* heißt es:

„Aber Juda kämpfte gegen Jerusalem und eroberte es und schlug es mit der Schärfe des Schwerts und zündete die Stadt an."

Der Beutezug ging weiter. Hebron wurde genommen. Die führenden Männer wurden erschlagen. Für die Einnahme der Stadt Debir wurde ein Preis ausgesetzt. Der Beutehauptmann Kaleb versprach seine Tochter Achsa dem zur Frau zu geben, der diese Tat vollbringt. Ein gewisser Othniel war der Glückliche.

Auch das Haus Joseph befand sich auf Beutezug. Sie ließen die Stadt Bethel auskundschaften, überredeten ein paar Einwohner, sie möchten sie einlassen, weil sie Touristen seien, und ... schlugen die Stadt „mit der Schärfe des Schwerts".

Eine ganze Reihe von Städten wird genannt, deren Bewohner sich die Juden fronpflichtig machten. - Eine gesunde Art zu leben!

Wer der Gesprächspartner mit dem Engel des HERRN war, geht aus dieser Stelle der Bibel nicht hervor. Der Engel muß also so vor sich hingebrummt haben. Jedenfalls kam dabei heraus, daß der HERR mit der Art des Frondienstes nicht einverstanden war. Nicht etwa, weil die Arbeit zu hart gewesen wäre, nein, weil darin eine zu große Verbrüderung gesehen wurde! - Aha, Engel, wir hören dich trapsen! Mehr dürfen wir dazu nicht sagen.

Es muß eine Zeit des ziemlichen Durcheinanders geherrscht haben. Es fehlte die harte Führungshand. Dazwischen hatte sich jeweils ein Richter zu dem Versuch aufgerafft, das Volk in den Griff zu bekommen. Aber immer wieder gab es Schwierigkeiten.

In der Geschichte der Juden verlief es dann so, wie wir es aus vielen anderen Völkergeschichten kennen: es war ein ständiges Auf und Ab.

Einige durch die Juden unterdrückte Völker konnten sich soweit erholen, daß sie jetzt den Spieß umdrehten. Auf gütlicher Basis war nichts zu machen. Die Israelis wurden tributpflichtig. So verlangte es auch der König der Moabiter.

Als wieder einmal eine Abordnung der Juden beim König war, um den Tribut zu überbringen, plante der Jude Ehud den Königsmord. In *Richter 3, 20* lesen wir:

„... Und Ehud sprach: Ich habe ein Wort von Gott an dich. Da stand er auf von seinem Thron. Ehud aber streckte seine linke Hand aus und nahm den Dolch von seiner rechten Hüfte und stieß ihm den in den Bauch, daß nach der Schneide noch der Griff hineinfuhr und das Fett die Schneide umschloß; denn er zog den Dolch nicht aus seinem Bauch."

Wer hier mit detektivischer Aufmerksamkeit einen Fehler entdeckt haben sollte: Ehud war Linkshänder! Dies wird an anderer Stelle ausdrücklich erwähnt.

Wir fragen uns, was wir für die heutige Zeit lernen könnten. Es hilft nichts, die anderen haben bereits vorgebeugt: Diejenigen, die heute Tribut überbringen, werden zu Großen des unterdrückten Volkes gemacht und mit allen Privilegien ausgestattet. Die Tragik liegt darin, daß die „Gesellschaft" heute jubelt.

Der Ehud konnte entkommen, rüttelte sein Volk auf und führte es gegen die Moabiter *Rich. 3, 28*:

„Und er sprach zu ihnen: Schnell mir nach! Denn der HERR hat die Moabiter, eure Feinde, in eure Hände gegeben! ... **und erschlugen** zu jener Zeit die Moabiter, **etwa zehntausend Mann,** alles starke und streitbare Männer, so daß auch nicht einer entrann."

Rich. 3, 31: „Nach ihm kam Schamgar, der Sohn Anaths. Der erschlug sechshundert Philister mit einem Ochsenstecken, und auch er errettete Israel."

So etwa hundert Jahre später ging es mit Israel wieder bergab. Die Nachbarn müssen wohl tüchtiger gewesen sein. Und das gefiel den Juden schon gar nicht. Zu dieser Zeit herrschte eine Richterin vom Typ Rosa Luxemburg. Sie hatte alle

Männer fest im Griff und sagte ihnen, wo's langgeht. Sie hieß Debora und war von Beruf Prophetin.

Rich. 4, 14 berichtet:

„Debora aber sprach zu Barak: Auf! Das ist der Tag, an dem dir der HERR den Sisera in die Hand gegeben hat, denn der HERR ist ausgezogen vor dir her. ...Und Siseras ganzes Heer fiel durch die Schärfe des Schwerts, **so daß auch nicht einer übrig blieb."**

Sisera selbst konnte fliehen. Er versteckte sich im Zelt Jaels, der Frau des Keniters Heber. Sie sagte ihm, daß er ganz beruhigt sein könne, hier würde ihm nichts passieren. Und sie deckte ihn sogar mit einer Decke zu. Aber dann geschah folgendes *(Rich. 4, 21):*

„Da nahm Jael, die Frau Hebers, einen Pflock von dem Zelt und einen Hammer in ihre Hand und ging leise zu ihm hinein und schlug ihm den Pflock durch die Schläfe, daß er in die Erde drang. Er aber war ermattet in einen tiefen Schlaf gesunken. So starb er."- Fragen Sie sich zwischendurch, was dies alles wohl mit Religion zu tun habe? Wir fragen es auch!

Vers 24: „Und die Hand der Kinder Israel legte sich immer härter auf Jabin, den König von Kanaan, bis sie ihn vernichteten.

Und Deboras Siegeslied lautet *(Rich. 5, 2):*

„Lobet den HERRN, daß man sich in Israel zum Kampf rüstete und das Volk willig dazu gewesen ist. Höret zu, ihr Könige, und merket auf, ihr Fürsten! Ich will singen, dem HERRN will ich singen, dem HERRN, dem Gott Israels, will ich spielen."

Die Dame sang nicht allein. Barak, der Sohn Abinoams, begleitete sie im Duett. Dabei gedachte sie freundlich des Mordes an Sisera *(Rich. 5, 24):*

„Gepriesen sei unter den Frauen Jael, das Weib Hebers, des Keniters; gepriesen sei sie im Zelt unter den Frauen! Sie griff mit ihrer Hand den Pflock und mit ihrer Rechten den Schmiedehammer und zerschlug Siseras Haupt und zermalmte und durchbohrte seine Schläfe. Zu ihren Füßen krümmte er sich, fiel nieder und lag da. Er krümmte sich, fiel nieder zu ihren Füßen; wie er sich krümmte, so lag er erschlagen da."

Eine sehr blutrünstige Dame, diese Debora. Aber welch eine Stimme!

Vierzig Jahre soll Ruhe geherrscht haben. Debora war tot. Der HERR hatte sich einen neuen Richter auserkoren. Das heißt, ein Engel war maßgeblich daran beteiligt. Der Mann hieß Gideon.

Er hatte von den ... zügen seiner Vorfahren gehört und fühlte sich berufen, ihnen nachzueifern. Der HERR hatte ihm gesagt *(Rich. 6, 16):*

„... Ich will mit dir sein, daß du die Midianiter schlagen sollst wie einen Mann."

rlebte er *Vers 20:*

eisch und die Brote und lege es hin auf den Fels hier und gieß die Und er tat es. Da streckte der Engel des HERRN den Stab aus, den er in der Hand hatte, und berührte mit der Spitze das Fleisch und die Brote. Da fuhr Feuer aus dem Fels und verzehrte das Fleisch und die Brote. Und der Engel des HERRN entschwand seinen Augen."

Ohne Zaubertricks ging es immer noch nicht und es blieben die Menschen aufgeschlossen. Auch heute noch?

Mit neuen Tricks und Gottes Hilfe verstand Gideon sein Volk für sich zu gewinnen. Zumal er ihm einen fetten Beutezug versprochen hatte. Auf diese Weise gelang es ihm, das Lager der Medianiter zu überfallen. Der neue Schlachtruf hieß: „Hier Schwert des HERRN und Gideons!"

Die üblichen Greuel gehörten zum gottgefälligen Handwerk *(Rich. 8, 12)*:

„... aber er jagte ihnen nach und nahm gefangen die beiden Könige der Medianiter, Sebach und Zalmunna, und setzte das ganze Heerlager in Schrecken. Da im Kampf auch Leute des Gideon gefallen waren, erschlug Gideon die beiden Könige mit seinem Schwert."

Gideon war auch sonst ein Held. Er hatte siebzig Kinder.

Schon wieder gab es Krach beim „auserwählten Volk". Abimelech hatte sich zum König erhoben. Um allem Ärger aus dem Wege zu gehen, verfuhr er mit Hilfe „verwegener Männer" nach *Richter 9, 5:*

„Und kam in das Haus seines Vaters nach Ophra und tötete seine Brüder, die Söhne Jerubals, siebzig Mann, auf einem Stein." Aber das Problem war damit nicht gelöst.

Dennoch zog er mit seiner Sippschaft durchs Land und hauste wie ... ja, wie darf man das bezeichnen ...?

An einer Burg ließ er Feuer legen, so daß tausend Frauen und Männer umkamen. Schließlich gelang es einer Frau, dem Abimelech einen Mühlstein auf den Kopf zu werfen. Damit war man diese Plage endlich los.

Unbedeutende Richter folgten, bis das Volk keine Lust mehr hatte, ohne Krieg zu leben. In Jephthah fanden sie einen streitlustigen Mann. Er ließ sich überreden, ihr Führer zu werden. Die Ammoniter hatten nämlich vor, ihr Land, das ihnen die Israeliten geraubt hatten, wieder zurückzuerobern. Ein gütliches Verhandeln schlugen die Juden aus. Sie meinten ganz einfach, keinem Volk dieses Gebiet geraubt zu haben. Der HERR habe es ihnen damals gegeben. Basta! - Ja, solchen Ärger gibt's heute noch an anderen Stellen der Erde. Und da Gott auch dort die Hand im Spiel hat ..., also wie das noch einmal enden soll?

Richter 11, 30 klärt uns auf, wie die Sache ausging:

„Und Jephthah gelobte dem HERRN ein Gelübde und sprach: Gibst du die Ammoniter in meine Hand, so soll, was mir aus meiner Haustür entgegengeht, wenn ich von den Ammonitern heil zurückkomme, dem HERRN gehören, und ich will's als Brandopfer darbringen. Und der HERR gab sie in seine Hände. So wurden die Ammoniter gedemütigt vor den Kindern Israels."

So merkwürdig wie die Gespräche zwischen gewissen Leuten und Gott und seinen Engeln, ist die Lösung Jephthahs Brandopfer. Doch hören Sie selbst, was *Rich. 11, 34* schreibt:

„... Siehe, da geht seine Tochter heraus ihm entgegen mit Pauken und Reigen; und sie war sein einziges Kind ... Und als er sie sah, zerriß er seine Kleider und sprach: ... wie betrübst du mich ... ich kann's nicht widerrufen ... Und sie sprach zu ihrem Vater: ... Laß mir zwei Monate, daß ich hingehe auf die Berge und meine Jungfrauenschaft beweine mit meinen Gespielen ... Und nach zwei Monaten kam sie zurück zu ihrem Vater ... Und er tat ihr, wie er gelobt hatte ..." - Und die Bibel verliert kein Wort über die Sinnlosigkeit solcher Gelübde!

An einer anderen Stelle dieser „Heiligen Schrift" wird geschildert, wie man die ungeliebten Nachbarn erkennen konnte. Sie ließen die Leute, wenn sie einzeln durch den Jordan kamen, das Wort "Schibboleth" sprechen. Sprachen sie es aber Sibboleth aus, dann „... ergriffen sie ihn und erschlugen ihn an den Furten des Jordan." *(Rich. 12, 6)* - Wie man sieht, war man um gute Nachbarschaft stets „besorgt".

Vierzig Jahre lang hatten die Kinder Israel Pech, denn sie kamen in die Hände der Philister, die sich wie Katze und Hund verstanden.

Zur Abwechslung sorgt mal wieder ein Engel des HERRN dafür, daß eine unfruchtbare Frau schwanger wird. Um die ganze Angelegenheit ihrem Mann schmackhafter zu machen, erklärt sie ihm, das Kind würde ein Junge werden, und zwar ein ganz besonderer. Und weil's so schön war, bat die Frau den HERRN: laß den Mann Gottes wiederkommen. Das tat er denn auch zu einer Zeit, da ihr eigener Mann nicht da war. Das Engel-Mann-Geheimnis war so stark, daß sogar der eigene Mann ein Ziegenböcklein als Speisopfer brachte. Langer Rede kurzer Sinn: Die Frau gebar den Simson. Er entwickelte sich zu dem Mann mit der langen Mähne.

Dieser Simson verliebte sich ausgerechnet in ein Mädchen aus dem Lande der Philister. Die für die Reinheit der Sippe Verantwortlichen standen daraufhin kopf. Man wollte Simson das Mädchen ausreden, aber er blieb hartnäckig. „Vater und Mutter wußten nicht, daß es von dem HERRN kam; denn er suchte einen Anlaß gegen die Philister." *(Rich. 14, 4)* - Wer kann auch schon auf solch eine Idee kommen? Wenn nicht der HERR selbst!

Die Hochzeit des Simson mit dem Philister-Mädchen nahm ein grausames Ende. Bei einer „Wetten,-daß-Einlage" legte man Simson mit Hilfe seiner jungen Frau rein. Er hatte den Philistern ein Rätsel aufgegeben, bei dem so oder so der eine Teil etwas zu zahlen hätte. Simson „verlor" also, erschlug dreißig Mann und gab den Preis von dreißig Gewändern seinen Gegnern. Und seine Frau, welche die ganze Sache verraten hatte, überließ er seinem Brautführer. Damit war der Krach komplett.

Nach einigen Tagen war Simson anderen Sinnes. Er nahm statt Rosen ein Ziegenböcklein und wollte bei seiner Frau um Schönwetter bitten. Sein Schwiegervater sagte ihm jedoch, daß er zu spät käme. Simson hätte seine Frau verschmäht, und seinem Brautführer überlassen, und damit hätte es sich. Punk-

tum! Aber er wolle nicht so sein, er habe noch eine Tochter und die ...
Nun hatte Simson jedoch die Nase restlos voll. Was dann passierte, hört sich so an *(Rich. 15, 4):*

„Und Simson ging hin und fing dreihundert Füchse, nahm Fackeln und kehrte je einen Schwanz zum andern und tat je eine Fackel zwischen zwei Schwänze und zündete die Fackeln an und ließ die Füchse in das Korn der Philister laufen und zündete so die Garben samt dem stehenden Korn an und Weinberge und Ölbäume." - Von nun an eskalierte die Fehde.

Simson geriet so in Wut, daß er nicht mehr zu halten war. Er schlug alles kurz und klein. Mit eines Esels Kinnbacken soll er tausend Mann erschlagen haben.

Simson (oder auch derjenige, der darüber berichtet hat) ist gewiß ein großer Aufschneider gewesen oder eine Art Magier der heutigen Zeit, der die unglaublichsten Zauberkunststücke fertigbrachte.

Einen Löwen will er mit der bloßen Hand getötet haben. Mit Gott hätte er gesprochen, der daraufhin aus einem Fels Wasser laufen ließ, weil er sonst verdurstet wäre. Bei einer Hure kehrte er auch ein. - Wo sollte er auch hin mit seiner Kraft? - Man lauerte ihm auf und wollte ihn umbringen. Aber niemand traute sich an ihn heran. Vor Wut riß er Säulen und Türpfosten ein und schleppte alles weg.

Dann kommt der Auftritt des hübschen Mädchens Delila. Man hat ihr viel, viel später ein Lied gewidmet. Warum, weiß wohl keiner, denn sie hat den Simson verraten. Naiv muß er wohl doch gewesen sein, der Simson, denn Delila mußte mehrere Versuche unternehmen, bis sie endlich erfuhr, daß seine Stärke in seinen Locken lag. Die hat sie ihm nachts, vermutlich war er blau, abgeschnitten. Man hat ihn dann gefangen, gebunden und die Augen ausgestochen. - Also Frauen gibt's! - So war er blind, aber die Locken wuchsen nach. Und als Simson, aus dem Gefängnis geholt, vor den Fürsten und viel Volk seine Späße treiben sollte, tastete er sich zu den Säulen vor, die das Haus trugen, und riß sie ein. So brachte er mit dieser einen Tat mehr Menschen um, als er vorher getötet hatte. *(Rich. 16, 29)* - Was dies mit einer Religion zu tun haben soll? Wir wissen es auch nicht.

*

Der Stamm Dan meinte, sie seien bei der Landverteilung zu kurz gekommen. Sie erkundeten die Nachbarschaft, fanden, daß das Land fruchtbar sei und die Menschen dort in Frieden lebten. Das war den Dan-Leuten gerade recht. Und das fromme Buch berichtet in *Rich. 18, 9* darüber:

„... Auf, laßt uns gegen sie hinaufziehen! Denn wir haben das Land gesehen, und siehe, es ist sehr gut. Und ihr sitzt noch untätig da? Seid doch nicht faul hinzuziehen, daß ihr kommt und das Land einnehmt. Wenn ihr hinzieht, werdet ihr zu einem Volk kommen, das sicher wohnt, und das Land ist weit nach allen Seiten; denn Gott hat's in eure Hände gegeben, einen Ort, an dem nichts von alledem fehlt, was es auf Erden gibt."

Widerspricht ein solches Verhalten nicht jeder Vorstellung von Religion?!

Aber was dieser „friedfertige" Stamm sich vorgenommen hatte, das führte er auch aus. *(Rich. 18, 27):*

„... und fielen über Lajisch her, über ein Volk, das ruhig und sicher wohnte, und schlugen es mit der Schärfe des Schwerts und verbrannten die Stadt mit Feuer."

*

Im *19. Kapitel* wird sehr ausführlich eine grausige Bluttat geschildert. Ein Mann kommt mit seiner Nebenfrau in eine fremde Stadt, wo er nur mit Mühe eine private Unterkunft für die Nacht findet. Nachts kommen jedoch Banditen und wollen ins Haus. Der Hausherr bangt um seine Tochter, daß sie geschändet werde. Deshalb holt er die Nebenfrau seines Gastes und übergibt sie den Räubern, die sie die ganze Nacht quälen. Am nächsten Morgen findet der Mann seine Nebenfrau vor der Tür liegen. Er lädt sie auf einen Esel und nimmt sie mit nach Hause. *Rich. 19, 29* berichtet über den Schluß so:

„Als er nun heimkam, nahm er ein Messer, faßte seine Nebenfrau und zerstükkelte sie Glied für Glied in zwölf Stücke und sandte sie in das ganze Gebiet Israels."

Das wär doch heute bestenfalls etwas für die BILD-Zeitung. Aber dies als Inhalt einer Religion, dafür fehlt immer noch das Verständnis. Nur die Stämme Israels hätten allen Gunde, darüber nachzudenken.

Da dies beim Stamm Benjamin geschehen war, kam es zum Bruderkampf zwischen den Stämmen. Zweiundzwanzigtausend sollen dabei ihr Leben gelassen haben. Und am nächsten Tag wären es noch einmal achtzehntausend gewesen. Da die vereinigten Stämme ratlos waren, wie es weitergehen sollte, befragten sie Gott. Der war für Angriff. *Rich. 20, 35* sagt darüber:

„So schlug der HERR die Benjaminiter vor den Männern von Israel, daß die Kinder Israel an dem Tag umbrachten fünfundzwanzigtausend Mann von Benjamin, die alle das Schwert führten." Und bei einem Nachgefecht mußten noch einmal achtzehntausend Mann das Leben lassen; danach waren es nochmals zweitausend. - Aber was soll's, es war ja Gottes Absicht gewesen. Wer wollte da Kritik üben?

„Und die Männer Israels kehrten um zu den Bejaminitern und schlugen in der Stadt mit der Schärfe des Schwerts Leute und Vieh und alles, was man fand. Und alle Städte die man fand, verbrannte man mit Feuer." *(Rich. 20, 48)*

Als das „auserwählte Volk" aus seinem Blutrausch ernüchtert erwachte, stellte man fest, daß der Stamm Benjamin so gut wie ausgerottet war, wenn man keine Männer für die übriggebliebenen Frauen hatte. Wieder gab es Mord und Totschlag bei der Lösung des Problems. Weil die Stadt Jabesch keine Abordnung geschickt hatte, wurde eine Strafexpedition unternommen *(Rich. 21, 10):*

„... Geht hin und schlagt mit der Schärfe des Schwerts die Bürger von Jabesch in Gilead mit Weib und Kind."

Das Problem der fehlenden Frauen bei den Benjaminitern löste man so:

„... Gehet hin und legt euch auf die Lauer in den Weinbergen. Wenn ihr dann seht, daß die Töchter Silos zum Reigentanz herausgehen, so brecht hervor aus den Weinbergen und raubt euch jeder eine Frau von den Töchtern Silos und geht heim ins Land Benjamin ... und zogen heim in ihr Erbteil, bauten die Städte wieder auf und wohnten darin."

*

Das Buch Ruth

Ruths Mann war gestorben. Sie wollte danach unbedingt bei ihrer Schwiegermutter bleiben. In ihrer Nachbarschaft lebte ein reicher Mann mit viel Land. Auf den hatte es Ruth abgesehen. Deshalb ging sie aufs Feld, um Ähren zu lesen. Und da sie eine hübsche Frau war, wurde der Gutsbesitzer auch gleich auf sie aufmerksam. Er ließ sie an günstigen Stellen ihre Ähren sammeln, und er gab ihr bei der Vesper geröstete Körner und auch zu trinken. Kurz gesagt: Ruth hatte den Gutsherrn angemacht.

Ruth bekam den erfahrenen Rat ihrer Schwiegermutter, wie die Sache weiterlaufen sollte. Sie schlich sich zur Lagerstatt des reichen Mannes, wartete lautlos bis er erwachte und dann ... sieht man nicht ganz klar, was da passiert ist. Jedenfalls bekam sie ein paar Scheffel Gerste. In einer umständlichen Zeremonie erwirbt der Gutsherr Boas Ruth zur Frau und die Schwiegermutter übernimmt er ebenfalls.

„So nahm Boas die Ruth, daß sie seine Frau wurde. Und als er zu ihr einging, gab der HERR, daß sie schwanger ward, und sie gebar einen Sohn." *(Ruth 4, 13)*

Das ist das ganze Buch Ruth. Es gehört tatsächlich zur „Heiligen Schrift"! Richtig, sie soll die Stammutter Davids sein.

*

Das erste Buch Samuel

Da ist die Rede von den Söhnen des Leviten und Priesters Eli. Die Söhne könnte man so charaterisieren: Pfarrers Kinder, Lehrers Vieh geraten selten oder nie. Sie waren also Taugenichtse. Wenn die andern opferten, kamen sie herzu und gabelten sich die besten Stücke heraus. Aber, so schienen es ja alle Priester in Israel zu machen.

Samuel wurde von einer Frau geboren, die im religiösen Wahn lebte. Als Nachbarskind wuchs Samuel bei der Familie des Priesters Eli auf. Und da er mit den Jahren merkte, wie Vater Eli zu seinen Söhnen stand, nutzte er eines Nachts die günstige Gelegenheit. Er lief ein paarmal zu Eli hin und sagte: Hier bin ich, du hast mich gerufen. Eli wußte natürlich nichts davon, bis er endlich auf die gewünschte Idee kam, da könne nur Gottes Stimme im Spiel sein. Damit stand fest, Samuel war von Gott zum Propheten berufen worden.

Das „friedliche" „auserwählte Volk" hatte wieder einmal vor, das Land der Philister heimzusuchen. Israel hatte Pech und wurde geschlagen. Schließlich kamen die Israeliten auf den Gedanken, daß die verlorene Schlacht nur darin begründet sei, daß sie vergessen hatten, die Bundeslade mitzunehmen. Zwar machten die Hebräer bei Erscheinen der Bundeslade einen Höllenlärm und schüchterten die Philister auch tatsächlich ein, aber die nächste Schlacht ging trotzdem verloren und dreißigtausend Mann dazu. Der Zauberkasten hatte nicht geholfen. Mehr noch ging verloren: die Bundeslade mit den Tafeln der zehn Gebote und den Büchern Moses wurde den Kindern Israels weggenommen. Vor Schreck fiel Eli vom Stuhl und brach sich den Hals. *(1. Sam. 4, 18)*

Die Philister hatten aber keine Freude an der Lade. Mit viel Brimborium wird geschildert, wie der Zauberkasten an die Hebräer zurückgegeben wird. Inzwischen hatte es Samuel geschafft und war zum Richter in Israel geworden. Der Krieg mit den Philistern ging mit wechselseitigem Erfolg weiter. Auch seine Söhne machte Samuel zu Richtern über Israel. Es blieb bei der bekannten Weise von Pfarrers Kindern ... und so weiter. Überall Korruption und Vetternwirtschaft!

Samuel kam es sehr gelegen, daß das Volk murrte und einen König über sich haben wollte. So nahm er die Gelegenheit wahr, einen Mann von schöner Gestalt als König auszusuchen. Dies geschah natürlich mit dem üblichen Drumherum des Wahrsagens. Der schöne Mann hieß Saul und war auf der Suche nach seinen Eseln. Samuel wurde als „Seher" befragt, wo die Esel sein könnten. Seine Antwort war: Sie sind gefunden, alles in Israel gehört jetzt dir, denn ich werde dich zum König von Israel salben. Damit hatten die Israeliten wieder einen König und die Frage nach den Eseln hatte sich von selbst erledigt.

Saul konnte dieses Ereignis kaum begreifen. Aber Samuel hatte eine ganze Schar von Propheten angeheuert, die für den notwendigen Druck sorgte. Das Problem, dem ganzen Volk Israel Saul als König einzureden, wurde von Samuel sehr geschickt organisiert. - Man wird unweigerlich an heute erinnert.

Kaum war Saul König, war auch der erste Krieg in Sicht.

„Aber am anderen Morgen teilte Saul das Volk in drei Heerhaufen, und sie kamen ins Lager um die Zeit der Morgenwache und schlugen die Ammoniter, bis der Tag heiß wurde; die aber übrigblieben, wurden zerstreut, so daß von ihnen nicht zwei beieinander blieben." *(1. Sam. 11, 11)*

Das nächstemal sammelte Saul dreitausend Mann um sich und der Hauptmann, sein Sohn Jonathan, erschlug die Wache der Philister. Damit ging der Schlamassel wieder los.

„Und Saul sprach: Laßt uns noch in der Nacht hinabziehen den Philistern nach und sie berauben, bis es lichter Morgen wird, **und laßt niemand von ihnen übrig.**" *(1. Sam. 14, 36)* - Warum man diesen Hauptmann nicht Räuberhauptmann nennen darf, ist uns unverständlich.

„Als Saul die Königsherrschaft über Israel erlangt hatte, kämpfte er gegen alle seine Feinde ringsumher gegen die Moabiter, die Ammoriter, die Edomiter, gegen die Könige Zobas und gegen die Philister." *(1. Sam. 14, 47)*

Wo Saul einen tapferen und rüstigen Mann sah, den nahm er in seinen Dienst.

In seiner ... lüsternheit wurde er auch von Samuel bestärkt. Auf einen Ratschlag HERRN bezog sich Samuel, als er Saul sagte:

„So zieh nun hin und schlag Amalek und vollstrecke den Bann an ihm und an allem, was es hat; **verschone sie nicht, sondern töte Mann und Frau, Kinder und Säuglinge, Rinder und Schafe, Kamele und Esel.**" *(1. Sam. 15, 3)*

„Da schlug Saul die Amalekiter von Hewila bis nach Schur, das vor Ägypten liegt, und nahm Agag, den König von Amalek, lebend gefangen, und an dem Volk vollstreckte er den Bann mit der Schärfe des Schwerts. *(1. Sam. 15,7)* Wie ein roter Faden ziehen sich solche Taten durch das Alte Testament.

Weil Saul einiges an Vieh aber hatte leben lassen, gab es Ärger mit Samuel. **Er wollte die restlose Vernichtung, eine Endlösung!**

Samuel muß ebenfalls dem religiösen Wahn verfallen gewesen sein. Er fühlte sich in seinen Vorstellungen einig mit dem HERRN. Es reute ihn auch, daß er Saul zum König gemacht hatte und setzte ihn wieder ab; was aber noch geheim blieb. Dafür ließ er seine ganze Wut an dem von Saul gefangenen König aus.

„Und Samuel sprach: Bringt Agag, den König von Amalek, zu mir! Und Agag ging hin zu ihm zitternd und sprach: Fürwahr, bitter ist der Tod! Samuel aber sprach: Wie dein Schwert Frauen ihrer Kinder beraubt hat, so soll auch deine Mutter der Kinder beraubt sein unter den Frauen. Und Samuel hieb den Agag in Stücke vor dem HERRN in Gilgal." *(1. Sam. 15, 33)*

So ganz wohl ist dem Samuel dabei nicht gewesen, als er Saul als König absetzte. Dennoch zog er los und suchte einen neuen König. Er fand den jungen David. Auch das blieb noch geheim.

Im *1. Sam. 16, 14* steht:

„Der Geist des HERRN aber wich von Saul, und ein böser Geist vom HERRN ängstigte ihn." - Ja, war der denn auch schon wahnsinnig?

Unter eigenartigen Umständen kommt David, weil er so gut Harfe spielen konnte, an den Hof des Königs Saul. *(1. Sam. 16, 23)*

„Sooft nun der böse Geist über Saul kam, nahm David die Harfe und spielte darauf mit seiner Hand."

*

Von den Philistern müssen doch noch mehr als nur eine Handvoll übrig geblieben sein. Denn sie hatten sich zum Kampf gesammelt. Jetzt hielt David seine Stunde für gekommen. Er hatte schon vorher damit geprahlt, Löwen und Bären beim Schafehüten getötet zu haben. Jetzt wollte er es mit dem Riesen der Philister im Zweikampf beweisen. Der Kerl soll 2,80 Meter groß gewesen sein (6 Ellen zu 0,46 plus eine Handbreit). Zwar war es üblich, im Kampf Mann gegen Mann mit dem Schwert zu kämpfen, aber David sagte sich da bin ich verloren. Deshalb griff er zur Schleuder. Nun hatte der Riese das Nachsehen. Und Glück hatte David auch: Der erste Stein saß wie ein Volltreffer.

Abergläubisch wie die Menschen damals (und heute!) waren, bekamen es die Philister darauf mit der Angst zu tun und türmten. Und David nutzte diese Chance vor König Saul aus. Den abgeschnittenen Kopf in der Hand trat er ergeben vor seinen König. Dies imponierte dem Sohn Sauls, Jonathan, so sehr, daß zwischen ihnen eine dicke Freundschaft entstand.

Damit war David der richtige Mann für künftige Kriege geworden. Er wurde sogar zum obersten Feldherrn gemacht. Das Volk pries ihn höher als König Saul. Und schon war der Ärger da.

Saul hatte wieder seine geistige Umnachtung, befand sich in Raserei und wollte David an die Wand spießen. Trotz dieser Schwierigkeiten sollte David eine Tochter Sauls zur Frau bekommen. So einfach war die Sache jedoch nicht. Saul wollte, David sträubte sich. Hatte er Sorge, den Brautpreis nicht zahlen zu können? Wohl aus diesem Gedanken ließ Saul seinem künftigen Schwiegersohn ausrichten, daß alles halb so schlimm sei. Aber lesen Sie selbst in der „Heiligen Schrift", was darüber gesagt wird *(1. Sam. 18, 25):*

„Saul sprach: So sagt zu David: Der König begehrt keinen anderen Brautpreis als hundert Vorhäute von Philistern, um an den Feinden des Königs Vergeltung zu üben. Aber Saul trachtete danach, David umzubringen durch die Hände der Philister. Da sagten seine Großen David diese Worte, und es dünkte David gut, des Königs Schwiegersohn zu werden."

Ob uns die Gutgläubigen einen solchen Inhalt aus der „Heiligen Schrift" abnehmen?

Aber mit welchem Übereifer David ans Werk ging und sein Soll sogar mit 200 % erfüllte, sagt uns das „Wort Gottes" im *1. Sam. 18, 27:*

„Und die Zeit war noch nicht um, da machte sich David auf und zog hin mit seinen Männern und erschlug unter den Philistern zweihundert Mann. Und David brachte ihre Vorhäute dem König in voller Zahl, um des Königs Schwiegersohn zu werden."

Sollte da einem nicht angst und bange werden? Oder gehört dies alles dazu, eine Religion daraus zu machen?

David bekam nun Sauls Tochter zur Frau, aber zwischen den beiden Männern entstand ewige Feindschaft. Das ging soweit, daß Saul zum Mord entschlossen war.

Nicht ganz koscher scheint das „Verhältnis" zwischen David und Jonathan gewesen zu sein, denn so schreibt die Bibel unter anderem auch in *1. Sam. 20, 17:*

„Und Jonathan ließ nun auch David schwören bei seiner Liebe zu ihm: denn er hatte ihn so lieb wie sein eigenes Herz."

Und in *Vers 41* heißt es sogar:

„... und sie küßten einander und weinten miteinander."

Sauls Wut über David nahm so zu, daß er sogar seinen Sohn Jonathan umbringen wollte.

Damit man sich den künftigen König David bildlich gut vorstellen kann, schildert die Bibel ein Treffen mit Leuten, von denen er glaubte, sie wollten ihm ans Leben *(1. Sam. 21, 14):*

„Und er stellte sich wahnsinnig vor ihren Augen und tobte unter ihren Händen und rannte gegen die Pforte des Tores und ließ seinen Speichel in seinen Bart fließen." - So, nun kennen Sie David! -

Danach hat David vierhundert Männer um sich versammelt, und er war ihr Oberster.

Saul hatte erfahren, daß David bei einer Priester-Familie einen Besuch gemacht hatte. Kurz entschlossen war seine Reaktion *(1. Sam. 22, 18)*:

„Da sprach der König zu Doeg: Tritt du heran und erschlage die Priester! Doeg, der Edomiter, trat heran und erschlug die Priester, daß an diesem Tag starben fünfundachzig Männer, die den leinenen Priesterschurz trugen. Auch Nob, die Stadt der Priester, **schlug er mit der Schärfe des Schwerts, Mann und Frau, Kinder und Säuglinge, Rinder und Esel und Schafe, mit der Schärfe des Schwerts.**"

Ist es nicht erbaulich, in diesem Buch zu lesen?

David zog um diese Zeit mit seiner Rotte kreuz und quer durchs Land. Und sein wutschnaubender Schwiegervater hinterher.

Zu dieser Zeit soll Samuel gestorben sein.

*

Davids Horde war jetzt sechshundert Mann stark. Die Leute wollten schließlich ernährt werden. Als er bei einem reichen Landwirt und Schafzüchter „anfragen" ließ, wie es mit der Verproviantierung stehe, bekam er eine Absage. Das gefiel David gar nicht. Aber dieser reiche Mann hatte auch eine junge und sehr hübsche Frau, die Abigail. Diese schätzte die Lage anders ein. Sie nahm Brote, Schafe, Wein, Rosinen- und Feigenkuchen und ließ alles vor sich hertragen, David und seinen Landsknechten entgegen. Als sie ihn sah, warf sie sich ihm zu Füßen und verriet damit ihren Mann: „Ach, mein Herr, auf mich allein falle alle Schuld! Laß deine Magd reden vor deinen Ohren und höre die Worte deiner Magd! Mein Herr errege sich nicht über Nabal, diesen heillosen Menschen ..." *(1. Sam. 25, 25)*

Und David sagte zu ihr:

„... Gelobt sei der HERR, der Gott Israels, der dich heut mir entgegengesandt hat, und gesegnet sei deine Klugheit ..." *(1. Sam. 25, 32)*

Als die Abigail nach Hause kam, fand sie ihren Mann im Vollrausch vor. Von der Begegnung mit David hat sie ihm nichts erzählt. - Also um ehrlich zu sein: Sie hat ihm am nächsten Morgen alles haarklein auf den Kopf zugesagt, so daß er sich hinlegte und nach zehn Tagen starb.

Bei all den dubiosen Dingen, von denen man bisher erfahren hat, sind berechtigte Zweifel angebracht, zumal David schon im Hintergrund wartete und Abigail ... zur Frau nahm.

Außerdem hatte David noch eine andere zur Frau genommen, die Ahinoam. Und seine erste Frau Michal, die Tochter Sauls, hatte er einem anderen Mann gegeben. - Das waren noch Zeiten! Damit man eine Vorstellung von Davids Leben zu jener

Zeit bekommt, sei hier ein längerer Abschnitt zitiert *(Sam. 27, 8)*:

„David zog hinauf mit seinen Männern und fiel ins Land der Gaschuriter und Gerisiter und Amalekiter ein; denn diese waren von Alters her die Bewohner des Landes bis hin nach Schur und Ägyptenland. **Und sooft David in das Land einfiel, ließ er weder Mann noch Frau leben** und nahm Schafe, Rinder, Esel, Kamele und Kleider und kehrte wieder zurück. Kam er dann zu Achis und Achis sprach: Wo seid ihr heute eingefallen?, so sprach David: In das Südland Judas, oder: In das Südland der Jerachmeeliter, oder: In das Südland der Keniter. **David aber ließ weder Mann noch Frau lebend nach Gath kommen:** denn er dachte: Sie können uns verraten. So tat David, und das war seine Art ..."

So steht es in der „Heiligen Schrift"! Sie sehen, wir haben uns noch sehr zurückhaltend mit unserer Beschreibung verhalten.

Wie eine „unbefleckte Empfängnis" oder eine „Himmelfahrt", so gab es zu damaliger Zeit auch mehrfach die Möglichkeit der „Auferstehung". Samuel war also schon lange tot. Und Saul ging zu einer „Totenbeschwörerin", um Verbindung mit der Unterwelt aufzunehmen. Bei dieser Gelegenheit kam er mit Samuel ins Gespräch:

„Samuel aber sprach zu Saul: Warum hast du meine Ruhe gestört, daß du mich heraufsteigen lässest? Saul sprach: Ich bin in großer Bedrängnis ..." (*1. Sam. 28, 15*) - Womit wir sagen wollen, all diese Dinge waren damals gang und gäbe und keine Seltenheit; soweit man sie glaubt und nicht für orientalische Märchen hält.

Im Kampf mit den Philistern starb Jonathan, und Saul nahm sich das Leben, weil die Sache aussichtslos stand.

*

Das zweite Buch Samuel

Es fängt mit einem Widerspruch an. Zu David wäre ein Mann gekommen, der ihm von der verlorenen Schlacht gegen die Philister berichtet und daß er auf Wunsch des Königs Saul diesen getötet habe. Er wäre auch der Überbringer der Krone Sauls an David. Und diesen Unglücksboten hätte David daraufhin ebenfalls töten lassen - Was soll der Gläubige nun glauben?

Kaum war Saul tot, ließ sich David zum König salben. Natürlich hatte er den HERRN befragt. Die Sache lief aber nicht so glatt ab. Ein Feldhauptmann Jonathans, Abner, wollte Sauls Sohn Isch-Boscheth zum König machen. So gab es also einen König Isch-Boscheth für Israel und den König David für Juda. Es dauerte nicht lange, da lagen sich die verfeindeten Gruppen gegenüber. Jede Partei wählte zwölf Krieger aus, die gegeneinander kämpfen sollten. So stießen sie sich auch paarweise gegenseitig ihre Schwerter in den Leib und starben gleichzeitig.

Der Kampf war damit nicht beendet. Es fielen noch ein paar hundert Leute. David wurde durch diese Entwicklung stärker, die Partei des Hauses Saul schwächer. Das mag auch damit zusammen gehangen haben, daß Abner, der Feldherr Sauls, diesen Vorwurf von Isch-Boscheth einstecken mußte: „Warum bist du zu meines

Vaters Nebenfrau eingegangen?" Und Abner antwortete: „... du rechnest mir heute eine Schuld an wegen eines Weibes ..." *(2. Sam. 3, 7)* Damit war Isch-Boscheths Schicksal besiegelt; der Weg für David frei. Abner geht zu David. Aber er verlangt, daß seine erste Frau Michal, die Tochter Sauls, mitgebracht wird. Übrigens spricht David davon, daß er sie für einhundert Vorhäute erworben habe. *(2. Sam. 3, 14)* - Ein Widerspruch zu früheren Angaben!

Abner wird von einem der Leute Davids ermordet. David jammert über den Tod und verflucht nach Art der „Heiligen Schrift" *(2. Sam. 3, 29)*:

„es falle aber auf den Kopf Joabs und auf das ganze Haus seines Vaters, und es soll nicht aufhören im Hause Joabs, daß einer Eiterfluß und Aussatz habe oder am Stabe gehe oder durchs Schwert falle oder an Brot Mangel habe."

So ganz astrein scheint der Mord an Abner nicht gewesen zu sein. David muß doch seine Hand im Spiel gehabt haben. Seine überzogene Trauer machte ihn verdächtig.

Um ganz sicher zu gehen, daß Davids Macht nicht noch angefochten wird, wird der König Israels, Isch-Boscheth, nachts auf seinem Lager erstochen. Sein Kopf wird, fein säuberlich abgetrennt, dem guten König David als Beweis zu Füßen gelegt.

Urteilen Sie selbst über Davids Art und Weise! Wir dürfen es nicht in diesem Buch. Aber *2. Sam. 4, 9* sagt es deutlich:

„Da antwortete ihnen David: So wahr der HERR lebt, der mich aus aller Bedrängnis erlöst hat: ich habe den, der mir verkündete: Saul ist tot, und meinte, er sei ein guter Bote, ergriffen und getötet in Ziklag, dem ich doch Lohn für eine gute Botschaft hätte geben sollen. Und diese gottlosen Leute haben einen gerechten Mann in seinem Hause auf seinem Lager getötet - sollte ich sein Blut nicht fordern von euren Händen und euch von der Erde vertilgen? Und David gebot seinen Leuten; **die schlugen sie nieder und hieben ihnen Hände und Füße ab und hängten sie auf am Teich bei Hebron.**"

Da sollte noch einer behaupten, David handelte nicht im Namen des HERRN!

„Dreißig Jahre war David alt, als er König wurde, und regierte vierzig Jahre." *(2. Sam. 5, 4)*

Jetzt erst konnte David die Jebusiter aus Jerusalem vertreiben und die Stadt einnehmen. Gleichzeitig nahm er sich noch mehr Frauen. Seine Haupttätigkeit blieb das Kriegerische.

Inzwischen hatte Gott einen neuen Namen bekommen: der HERR Zebaoth. Es ist dies die alttestamentarische Bezeichnung für Heerscharen. Sie hatten ihn also zu ihrem Kriegsgott gemacht! Das besagt alles!

Die Übersiedlung der Bundeslade nach Jerusalem war mit einigen Schwierigkeiten verbunden. Endlich wurde der Einzug mit viel Tam-Tam vollzogen. Die Ansichten darüber waren nicht unumstritten *(2. Sam. 6, 16)*:

„Und als die Lade des HERRN in die Stadt Davids kam, guckte Michal, die Tochter Sauls, durchs Fenster und sah den König David springen und tanzen vor dem HERRN und verachtete ihn in ihrem Herzen." Er hatte sich nämlich vor allen Mägden entblößt. Am Ende der Zeremonie segnete David das Volk im Namen seines Kriegsgottes!

In dem Propheten Nathan hatte sich David den richtigen Propaganda-Minister gewählt. Alles, was nun durch David geschah, erfolgte im Namen des Kriegs-Gottes, des HERRN Zebaoth. Als für alles Volk sichtbares Zeichen ließ er ein Haus für die Bundeslade bauen. Und immer wieder ließ er sich loben als vom HERRN Ausgezeichneten. 2. *Sam.* 7, 26 ist typisch für die Danksagung an Gott mit dem Hintergedanken, sich selber zu fördern:

„So wird dein Name groß werden in Ewigkeit, daß man sagen wird: Der HERR Zebaoth ist Gott über Israel, und das Haus deines Knechtes David wird bestehen vor dir. Denn du, HERR Zebaoth, du Gott Israels, hast das Ohr deines Knechtes geöffnet und gesagt: Ich will dir ein Haus bauen. Darum hat dein Knecht sich ein Herz gefaßt, daß er dieses Gebet zu dir gebetet hat. Nun, Herr HERR, du bist Gott, und deine Worte sind Wahrheit. Du hast all dies Gute deinem Knecht zugesagt. So fange nun an, zu segnen das Haus deines Knechtes, damit es ewiglich vor dir sei; denn du, Herr HERR, hast's geredet, und mit deinem Segen wird deines Knechtes Haus gesegnet sein ewiglich!"

Kommt Ihnen diese Sprache irgendwie bekannt vor?

Und auf ging's in den nächsten Krieg. Kriegerisch war sein bisheriges Leben verlaufen. Hierin kannte er sich aus.

Die Philister waren seine Erbfeinde. Und nach 2. *Sam.* 8, 2:

„Er schlug auch die Moabiter und ließ sie sich auf den Boden legen und maß sie nach der Meßschnur ab; **und er maß zwei Schnurlängen ab, so viele tötete er, und eine volle Schnurlänge, so viele ließ er am Leben.**"

Erkennen Sie hierin einen religiösen Sinn?

Die „Heilige Schrift" vermittel uns aber noch mehr Erbauliches. So schlug er den König von Zoba (2. *Sam.* 8, 4):

„Und David nahm von ihnen gefangen tausendundsiebenhundert Gespanne und zwanzigtausend Mann Fußvolk und lähmte alle Pferde und behielt hundert übrig ... Und David schlug von den Aramäern zweiundzwanzigtausend Mann ..."

(13): **„So machte sich David einen Namen."**

Ob die Gläubigen begreifen, worin der „gemachte Name" begründet liegt? Wer nicht in einer Art religiösem Wahn lebt, dem sollte es keine Mühe bereiten, zu verstehen, daß es sich hier um die Geschichte des „auserwählten Volkes" handelt.

Das Gemetzel war noch nicht zuende. Er schlug auch die Edomiter mit achtzehntausend Mann. Danach waren wieder die Aramäer dran, die vierhundert Wagen und vierzigtausend Mann verloren. Den feindlichen Feldhauptmann erschlug David persönlich.

Beim nächsten Feldzug schickte David nur seine Leute hinaus. Er selbst blieb zu

Hause. Wahrscheinlich hat er den ganzen Tag verschlafen; denn am Abend stand er auf und entdeckte auf Nachbars Dach eine bildschöne Frau sich waschen. Wenn Sie denken, der fromme David, der alle zehn Gebote kannte, hätte sich diskret zurückgezogen, dann irren Sie *(2. Sam. 11, 4):*

„Und David sandte hin und ließ nach der Frau fragen, und man sagte: Das ist doch Bathseba, die Tochter Eliams, die Frau Urias, des Hethiters. Und David sandte Boten, sie zu holen. Und als sie kam, wohnte er ihr bei ... Und die Frau ward schwanger und sandte hin und ließ David sagen: Ich bin schwanger geworden."

Der gerissene David ließ darauf Uria, der in Davids Heer Dienst machte, zu sich kommen und befahl ihm, zu seiner Frau zu gehen. Aber als diensteifriger Soldat verließ Uria seinen Posten nicht.

Dann hat es David mit einer anderen Tour versucht: Er machte Uria betrunken. Auch das hatte keinen gewünschten Erfolg. Uria torkelte zu seinen Männern und nicht zu seinem Weib.

Auch dies gehörte wohl zu den Kriegslisten des frommen Königs David. Er ließ seinen tapferen Krieger Uria an die Front schicken und befahl seinem Feldhauptmann, den Uria dort einzusetzen, wo die beste Aussicht besteht, daß er erschlagen wird und stirbt. *(2. Sam. 11, 14)* Wie David auf die Erfolgsmeldung reagierte, lesen wir in *2. Sam. 11, 25*: „... Laß dir das nicht leid sein, denn das Schwert frißt bald diesen, bald jenen. Fahre fort mit dem Kampf gegen die Stadt und zerstöre sie."

(26) „Und als Urias Frau hörte, daß ihr Mann Uria tot war, hielt sie die Totenklage um ihren Eheherrn. Sobald Die aber ausgetrauert hatte, sandte David hin und ließ sie in sein Haus holen, und sie wurde seine Frau und gebar ihm einen Sohn."

Die ganze Geschichte hatte mehr Aufsehen erregt, als David recht war. Auch Nathan hielt ihm eine Strafpredigt im Namen des HERRN. Aber dies Problem ließ sich leicht beheben. *(2. Sam. 12, 13):*

„Da sprach David zu Nathan: Ich habe gesündigt gegen den HERRN. Nathan sprach zu David: So hat auch der HERR deine Sünde weggenommen; du wirst nicht sterben."

Na bitte, so einfach ist das. Und irgendwie kommt uns die Methode bekannt vor.

Das Kind von Bathseba starb. David tröstete sie und „ging zu ihr hinein und wohnte ihr bei. Und sie gebar einen Sohn, den nannte er Salomo". *(2. Sam. 12, 24)*

Erinnern wir uns richtig? Die Frau des Urias war die Frau eines Hethiters, also war sie keine Israelitin! Folglich ist Salomo kein echter Jude! Was nun?

Rabba, die Stadt der Ammoniter, stand kurz vor der Eroberung durch Davids Feldhauptmann Joab. Aber David sollte als der große Held gefeiert werden *(2. Sam. 12, 29):*

„So brachte David das ganze Kriegsvolk zusammen und zog hin und kämpfte gegen Rabba und eroberte es und nahm seinem König die Krone vom Haupt; die war an Gewicht einen Zentner Gold schwer, und an ihr war ein Edelstein; und sie wurde David aufs Haupt gesetzt. Und er führte aus der Stadt viel Beute weg.

Aber das Volk darin führte er heraus und stellte sie als Fronarbeiter an die Sägen, die eisernen Pickel und an die eisernen Äxte und ließ sie an den Ziegelöfen arbeiten."

Wehe, wenn heute jemand Gefangene zur Arbeit zwingen würde. Er könnte sich nicht damit herausreden, sich mit dieser Tat an die Methoden der Bibel gehalten zu haben!

Ein älterer Bibeltext läßt eine weit grausamere Art Davids erkennen: „Aber das Volk darin führte er heraus und legte sie unter eiserne Sägen und Zacken und eiserne Keile und verbrannte sie in Ziegelöfen. So tat er allen Städten der Kinder Ammon."

*

Jetzt ist der Auftritt Absaloms, des Sohnes Davids, der eine schöne Schwester, die Thamar, hatte; aber die wichtigere Rolle spielt der gemeinsame Bruder Amnon. Er verliebt sich nämlich in seine Schwester Thamar. Und er wußte nicht ein und aus. Da riet ihm ein erfahrener Mann: Er solle sich ins Bett legen und eine Krankheit vortäuschen; dann sollte er seine Schwester bitten, ihn mit Essen zu versorgen, alles Weitere würde sich ergeben.

Und wie sich alles abspielte, lesen wir in 2. Sam. 13, 11 wie in einer Illustrierten:

„Und als sie diese zu ihm brachte, damit er esse, ergriff er Thamar und sprach zu ihr: Komm, meine Schwester, lege dich zu mir! Sie aber sprach zu ihm: Nicht doch, meine Bruder, schände mich nicht; denn so tut man nicht in Israel. Tu nicht solch eine Schandtat! Wo soll ich mit meiner Schande hin? Und du wirst sein in Israel wie ein Ruchloser. Rede aber mit dem König, der wird mich dir nicht versagen. Aber er wollte nicht auf sie hören und ergriff sie und überwältigte sie und wohnte ihr bei. Und Amnon wurde ihrer überdrüssig, so daß sein Widerwille größer war als vorher seine Liebe. Und Amnon sprach zu ihr: Auf, geh deiner Wege! ... rief seinen Diener, der ihm aufwartete, und sprach: Treibe diese von mir hinaus und schließ die Tür hinter ihr zu!"

Um solch erbauende Geschichten zu erleben, braucht man heute nicht die Bibel zu lesen. Das Fernsehen füttert uns täglich mit US-Machwerken dieser Art. Vielleicht liegt dies daran, daß dort die nachempfindungsreichsten Leute sitzen? Zurück zur Bibel! Die ganze Familie scheint auf dieser Linie zu Hause gewesen zu sein; denn der Bruder Absalom meinte (2. Sam. 13, 20):

„... Ist dein Bruder Amnon bei dir gewesen? Nun, meine Schwester, schweig still; es ist dein Bruder, nimm dir die Sache nicht so zu Herzen."

*

Amnon war Davids Erstgeborener. Absalom wurmte dies. Bei einem Fest, das Absalom veranstaltete, ließ er seinen Bruder ermorden. Das Ende vom Lied war, daß er fliehen mußte.

Nach einer gewissen Zeit ließ sich David erweichen und nahm Absalom wieder auf; besonders deshalb, weil er ein schöner Mann war. Sein Haar, das alle Jahre geschoren wurde, soll zweihundert Lot gewogen haben, das sind 2,2 kg. - Wir

glauben, das war der Dreck von einem ganzen Jahr, der das Gewicht ausmachte.
Absalom konnte nicht abwarten, bis sein alter Herr das Zeitliche segnete. Er wollte früher König werden und schmiedete Pläne. Das ging soweit, daß David vor Angst Jerusalem verließ und nur seine zehn Frauen zurückließ. Absalom war nämlich im Anmarsch auf die Hauptstadt und hatte sich zum König ausrufen lassen.

Auch andere Völker erhoben sich gegen David auf seiner Flucht. Sie bewarfen ihn mit Steinen und schrien ihn „Bluthund" an. Um das Maß der Schande vollzumachen lesen wir im *2. Sam. 16, 21:*

„Ahithophel sprach zu Absalom: Geh ein zu den Nebenfrauen deines Vaters, die er zurückgelassen hat, um das Haus zu bewahren, so wird ganz Israel hören, daß du dich bei deinem Vater in Verruf gebracht hast; dann werden alle, die zu dir stehen, desto kühner werden. Da machten sie Absalom ein Zelt auf dem Dach, und Absalom ging zu den Nebenfrauen seines Vaters vor den Augen ganz Israels. Wenn damals Ahithophel einen Rat gab, dann war das, als wenn man Gott um etwas befragt hätte ..."

Andere Leute, andere Sitten. Verzichten wir auf alles Multikulturelle!

Dieser gottgefällige, kluge Ratgeber erbot sich auch, David nachzujagen und ihn zu erschlagen, was Absalom sehr gefiel. Aber sein Glück schlug um. Absalom wurde gejagt, und blieb mit seinem Haar an einem Baum hängen *(2. Sam. 18, 14):*

„Joab sprach: Ich kann nicht so lange bei dir verweilen. Da nahm Joab drei Stäbe in seine Hand und stieß sie Absalom ins Herz, als er noch lebend an der Eiche hing. Und zehn Knappen, Joabs Waffenträger, umringten ihn und schlugen ihn tot."

*

Frieden ist im Alten Testament ein wenig gebrauchtes Wort. Und wenn es schon mal vorkommt, dann in diesem Zusammenhang: Die Israeliten stritten mit den Dudäern. Was im einzelnen dabei passierte, verdeutlicht das *2. Buch Sam. 20, 9:*

„Und Joab sprach zu Amasa: Friede mit dir, mein Bruder! Und Joab faßte mit seiner rechten Hand Amasa bei dem Bart, um ihn zu küssen. Amasa hatte nicht acht auf den Dolch in der linken Hand Joabs. Der stach ihn damit in den Bauch, so daß seine Eingeweide auf die Erde fielen ..." - Wer wird denn auch schon Böses ahnen, wenn jemand Friede sagt?

Die Frauen scheinen nicht gerade zart besaitet gewesen zu sein. Da kam nämlich Joab in eine Stadt und wollte dort einen Mann aufspüren. Um nicht die ganze Stadt eventuell in Mitleidenschaft zu ziehen, erklärte sich eine Frau bereit, den gesuchten Mann zu opfern. Sie schnitt ihm ganz einfach den Kopf ab und warf ihn Joab zu. Damit war der Fall zur Zufriedenheit aller (bis auf den einen) geklärt. *(2. Sam. 20, 22)*

Davids Rachedurst an der Sippe Sauls war immer noch nicht gestillt. Nur die Nachkommen Jonathan verschonte er *(2. Sam. 21, 8):*

„Aber die beiden Söhne der Rizpa, der Tochter Ajjas, die sie Saul geboren hatte,

Armoni und Mephiboscheth, dazu die fünf Söhne der Merab, der Tochter Sauls, die sie dem Ariel geboren hatte, dem Sohn Barsilais aus Mehola, nahm der König und gab sie in die Hand der Gibeoniter. Die hängten sie auf dem Berge vor dem HERRN auf. So kamen diese sieben auf einmal um und starben ..."

Sie werden es kaum glauben: Dies steht alles in der „Heiligen Schrift"!

Als David alle aus der Linie Saul vernichtet hatte, die ihm hätten gefährlich werden können, wurde er großmütig und ließ alle feierlich bestatten. „Danach wurde Gott dem Lande wieder gnädig." (2. Sam. 21, 14)

David führte weiter Kriege gegen die Philister. Dabei wurde ein anderer Goliath getötet. Es scheint also mehrere gegeben zu haben.

Nach all den vollbrachten Grausamkeiten wurde David fromm. Er stimmte Lobgesänge für den HERRN an und vergaß dabei nicht, sich seiner eigenen „Heldentaten" zu rühmen. Und an Minderwertigkeitskomplexen schien er nicht zu leiden (2. Sam. 22, 24):

„... sondern ich bin ohne Tadel vor ihm, und hüte mich vor Schuld. Darum vergilt mir der HERR nach meiner Gerechtigkeit, nach der Reinheit meiner Hände vor seinen Augen."

Wenn man dies liest, überkommt einen die schiere Angst vor Menschen mit solcher „Frömmigkeit"!

Und mit seinem Kriegsgott, dem HERRN Zebaoth, scheint er auf bestem Fuße zu stehen (2. Sam. 22, 30 u. 38):

„Denn mit dir kann ich Kriegsvolk zerschlagen und mit meinem Gott über Mauern springen" (38) „Meinen Feinden jagte ich nach und vertilgte sie, und ich kehre nicht um, bis ich sie umgebracht habe. **Ich brachte sie um und hab sie zerschmettert,** daß sie nicht mehr aufstehen können; sie sind unter meine Füße gefallen."

(43): **„Ich will sie zerstoßen zu Staub der Erde, wie Dreck auf der Gasse will ich sie zerstäuben und zertreten."**

(45): „Die Söhne der Fremde huldigen mir und gehorchen mir mit gehorsamen Ohren. Die Söhne der Fremde verschmachten und kommen mit Zittern aus ihren Burgen. Der HERR lebt, und gelobt sei mein Fels, und Gott, der Fels meines Heils, sei hoch erhoben."

Uns scheint, es ist dies eine seltsame Frömmigkeit. Oder ist es eine Art Wahn?

Dies sollen die letzten Worte Davids sein (2. Sam. 23, 2):

„Der Geist des HERRN hat durch mich geredet, und sein Wort ist auf meiner Zunge ..."

Am Ende der Bücher Samuels muß dies festgestellt werden: *Das 2. Buch Samuel* behandelt den Tod Davids. Nun ist Samuel aber vor David gestorben. Darüber wird im *1. Buch Samuel 25* berichtet. Somit kann Samuel nicht selber diese Chronik geführt haben. Wer war der Autor des 2. Buches Samuel? Es bleibt unklar - wie eigentlich alles in der Bibel!

*

Das erste Buch der Könige

Es beginnt mit einer Rückblende: David lebt noch, ist aber bereits alt und gebrechlich. Er lag im Bett und fror. Und Heizkissen kannte man damals nicht. Man wußte sich anders zu helfen. Die vollblütige Jungfrau Abisag von Sunem ging in die biblische Geschichte als erste Wärmflasche mit Ohren ein.

Aus einer Palastrevolution des Adonia, auch eines Sohnes Davids, gegen Salomo, wurde nichts. Salomo wurde zum König gesalbt. Als Trostpflaster erbat sich Adonia von Salomo, seinem Halbbruder, Davids Wärmflasche Abisag. Die Antwort Salomos hört sich so an *(1. Kön. 2, 23)*:

„Und der König Salomo schwor bei dem HERRN und sprach: Gott tue mir dies und das, diese Bitte **soll Adonias das Leben kosten!** ... heute noch soll Adonias sterben! Und der Salomo sandte hin Benaja, den Sohn Jojadas; der stieß ihn nieder, daß er starb. Und zu dem Priester Abjathar sprach der König: Geh hin nach Anathoth zu deinem Besitz, denn du bist des Todes."

Da hatte man, als man noch Kind war, über Salomo zu hören bekommen, daß er die Gerechtigkeit in Person gewesen sei; und jetzt dies! Er war in der Art nicht anders, als seine Vorgänger *(1. Kön. 2, 28)*:

„Und die Kunde davon kam zu Joab; denn Joab hatte Adonia angehangen und nicht Absalom. Da floh Joab in das Zelt des HERRN und faßte die Hörner des Altars. Und es wurde dem König Salomo angesagt: Joab ist zum Zelt des HERRN geflohen, und siehe, er steht am Altar. Da sandte Salomo hin Benaja, den Sohn Jojadas, und sprach: *Geh, stoß ihn nieder!* ... Und Benaja, der Sohn Jojadas, ging hin und stieß ihn nieder und tötete ihn."

Einen anderen Mann hatte Salomo Hausarrest gegeben. Sollte er dagegen verstoßen und sein Haus verlassen, so müßte er sterben. Nur weil der Mann nach drei Jahren hinausging, um seinen Knecht zu suchen, **ließ der „gerechte Salomo" auch diesen Mann umbringen.** Eingearbeiteter Vollstrecker war der bekannte Benaja. *(1. Kön. 2, 46)*

Salomo nahm eine Tochter des Pharaos von Ägypten zur Frau. **An Fronarbeitern soll er dreißigtausend Mann gehabt haben, siebzigtausend Lastträger und achtzigtausend Steinhauer und dreitausenddreihundert Aufseher.**

Lang und breit wird dann über mehrere Seiten Salomos Tempelbau geschildert, wie lang zum Beispiel die Flügel der bocksbeinigen Cherubim waren. Auch der Einzug der Bundeslade in den Tempel wird besprochen. Das *1. Buch Kön. 8, 8* erzählt uns im folgenden ein überaus wichtiges Ereignis, fundamental wichtig für die ganze ... Glaubwürdigkeit der Grundlagen dieser Religion:

„Und die Stangen waren so lang, daß ihre Enden gesehen wurden in dem Heiligen, das ist die Tempelhalle, vor dem Chorraum; aber von außen sah man sie nicht. Und dort sind sie bis auf diesen Tag. **Und es war nichts in der Lade als nur die zwei steinernen Tafeln des Moses,** die er hineingelegt hatte am Horeb, die Tafeln des Bundes, den der HERR mit Israel schloß, als sie aus Ägyptenland gezogen waren." - **Fort sind also die Bücher Moses! Weg und verschollen!**

Und noch einmal bekräftigt Salomo, daß nichts außer den Tafeln in dem seltsamen Schrein war *(1. Kön. 8, 21)*:

„... und habe dort eine Stätte zugerichtet der Lade, in der die Tafeln des Bundes sind, den er geschlossen hat mit unseren Vätern." - Wer von den Gläubigen wollte jetzt noch zweifeln?

Salomo war der Mann, der den Einsatz von Fronarbeitern zur Blüte brachte: *(1. Kön. 9, 20)*:

„Alles Volk, das noch übrig war von den Amoritern, Hethitern, Perisitern, Hewitern und Jebusitern, die nicht zu den Israeliten gehörten, deren Nachkommen, die übriggeblieben waren im Lande, an denen Israel den Bann nicht hatte vollstrecken können, die machte Salomo zu Fronleuten bis auf diesen Tag." - **Wenn man an die heutige Zeit denkt, so haben wir den Eindruck, die Menschen kennen ganz einfach die Bibel nicht!**

Über Salomons Reichtum wird gesagt *(1. Kön. 10, 14)*:

„Und das Gewicht des Goldes, das für Salomo in einem Jahr einkam, war sechshundertsechsundsechzig Zentner, außer dem, was von den Händlern und vom Gewinn der Kaufleute und von allen Königen Arabiens und von den Statthaltern kam ... Und der König machte einen großen Thron aus Elfenbein und überzog ihn mit dem edelsten Gold ... Alle Trinkgefäße des Königs Salomo waren aus Gold, und alle Gefäße im Libanon-Waldhaus waren auch aus lauterem Gold; denn das Silber achtete man zu den Zeiten Salomos für nichts ..." - Schlicht gesagt: Salomo war prunksüchtig!

Es würde viele Seiten füllen, wenn man das ganze Ausmaß des Salomonischen Aufwands aufzählen wollte. Und er hatte noch eine Schwäche *(1. Kön. 11)*:

„Aber der König Salomo liebte viele ausländische Frauen: die Tochter des Pharao und moabitische, ammonitische, edomitische und hethitische ... an diesen hing Salomo mit Liebe."

Wußten Sie dies auch, verehrte Leser? Oder hat man es Ihnen bisher verschwiegen? Nun, wir wollen nicht prüde sein, aber zum Bilde Salomos gehört dies ebenfalls.

*

Jetzt rächte sich, was David seinen Nachbarvölkern angetan hatte. Gegen Salomo sammelten sich die Feinde. Da waren die Edomiter mit ihrem Anführer Hadad und die Aramäer unter Reson. Auch kam noch Jerobeam, ein Ephraimiter, hinzu. Es war eine Taktik der Nadelstiche; und das gab dem Salomo den Rest, denn er war schon alt geworden. Das soll so um das Jahr 926 vor der Zeitwende gewesen sein. Nachfolger auf dem Thron wurde Salomos Sohn Rehabeam. *(1. Kön. 12, 14)*:

„**... Mein Vater hat euer Los schwer gemacht, ich aber will's euch noch schwerer machen. Mein Vater hat euch mit Peitschen gezüchtigt, aber ich will euch mit Skorpionen züchtigen.**"

Haben Sie bei solchen Erbanlagen Hoffnung, daß sich in der „Heiligen Schrift" jetzt Erbaulicheres finden läßt?

Das Volk aber murrte und wehrte sich *(1. Kön. 12, 18):*

„Und als der König Rehabeam den Fronvogt Adoram hinsandte, warf ihn ganz Israel mit Steinen zu Tode. Aber der König Rehabeam stieg eilends auf einen Wagen und floh nach Jerusalem."

Das Ende der Geschichte: Jerobeam wurde zum König von Israel ausgerufen und soll zweiundzwanzig Jahre regiert haben, während Rehabeam König von Juda blieb.

Im *1. Kön. 14, 25* steht:

„Aber im fünften Jahr des Königs Rehabeam zog Schischak, der König von Ägypten, herauf gegen Jerusalem und nahm die Schätze aus dem Hause des HERRN ..." - Das müßte doch bedeuten, daß er auch die Bundeslade aus dem Hause des HERRN mitgehen ließ. Warum sollte er diese haben stehen lassen? Demnach war nun alles futsch!

Nach Rehabeam wurde Abia König von Juda. Er regierte nur drei Jahre. Sein Sohn Asa folgte ihm. Er soll einundvierzig Jahre regiert haben. Als eine hervorgehobenen Tat wird gesagt *(1. Kön. 15, 12):*

„Er tat die Tempelhurer aus dem Lande ..." - Na, da muß es vorher ja schön zugegangen sein!

Israel hatte zu der Zeit den König Baesa. In gewisser Weise kein recht bedeutender Name. Und sie führten gegeneinander Krieg ihr Leben lang.

Wie rauh die Sitten geblieben waren, erzählt uns bereits *1. Kön. 15, 27:*

„Aber Baesa, der Sohn Ahias, aus dem Stamm Isaschar, machte eine Verschwörung gegen ihn und erschlug ihn zu Gebbethon, das den Philistern gehörte. So tötete ihn Baesa im dritten Jahr Asas, des Königs von Juda, und wurde König an seiner Statt. Als er nun König war, erschlug er das ganze Haus Jerobeam; er ließ auch nicht einen übrig vom Hause Jerobeam, **bis er es ganz vertilgt hatte nach dem Worte des HERRN ..."**

Wem soll man an all dem Gemetzel die Schuld geben? Wir dürfen es nicht einmal vermuten!

Dann kam wieder das Wort des HERRN über einen anderen „Menschenfreund" *(1. Kön. 16):*

„Es kam aber das Wort des HERRN zu Jehu, dem Sohn Hananis, gegen Baesa: ... siehe, so will ich ausrotten Baesa und sein Haus ... Wer vom Hause Baesa stirbt in der Stadt, den sollen die Hunde fressen; und wer von ihm stirbt auf dem Felde, den sollen die Vögel des Himmels fressen."

Man soll es nicht glauben: In diesem Stil geht die Geschichte dieses Volkes weiter *(1. Kön. 16, 8):*

„Im sechsundzwanzigsten Jahr Asas, des Königs von Juda, wurde Ela, der Sohn Baesas, König über Israel und regierte zu Tirza zwei Jahre. Aber sein Knecht Simri, der Oberste über die Hälfte der Kriegswagen, machte eine Verschwörung gegen ihn. Er aber war in Tirza, trank und wurde trunken im Hause Arzas, des

Hofmeisters in Tirza. Und Simri kam hinein und schlug ihn tot im siebenundzwanzigsten Jahr Asas, des Königs von Juda, und wurde König an seiner Statt. Und als er König war und auf seinem Thron saß, erschlug er das ganze Haus Baesa und ließ nichts übrig, was männlich war, dazu seine Verwandten und seine Freunde. So vertilgte Simri das ganze Haus Baesa nach dem Wort des HERRN."
- Die „Heilige Schrift" spricht für sich!

Aber dem Simri ging es schon nach sieben Tagen an den Kragen. Es lohnt sich nicht, die so unbedeutenden Leute zu erwähnen, die das Volk Israel mehr schlecht als recht regierten.

Propheten muß es damals wie Sand am Meer gegeben haben. So liest man z. B. bei *1. Kön. 18, 4:*

„denn als Isebel die Propheten des HERRN ausrottete, nahm Obadja hundert Propheten und versteckte sie in Höhlen, hier fünfzig und da fünfzig, ..." (19) „... so send hin und versammle zu mir ganz Israel auf den Berg Karmel und die vierhundertfünfzig Propheten Baals, auch die vierhundert Propheten der Aschera ..."

Damals machten sich die verschiedenen Völker die verschiedensten Götter. So war es auch bei den Israeliten. Sie würdigten ihren HERRN zu einem Götzen herab, den sie nach Belieben zu dirigieren sich anmaßten. Deshalb kam es aus Glaubensgründen immer wieder zu Kriegen. Wobei die Israeliten die Glaubensfrage mit der Volkstumsfrage gekoppelt hatten. Und es ist auch nicht verwunderlich, daß die Völker dann die Propheten der Gegenseite besonders aufs Korn nahmen.

Über den frommen israelischen Propheten Elia sagt *1. Kön. 18, 40:*

„Elia aber sprach zu ihnen: Greift die Propheten Baals, daß keiner von ihnen entrinne! Und sie ergriffen sie. Und Elia führte sie hinab an den Bach Kison und tötete sie daselbst."

Und Elia hatte sich bei seinem HERRN völlig freie Hand verschafft *(1. Kön. 19,13):*

„... Was hast du hier zu tun? ... Aber der HERR sprach zu ihm: ... Und es soll geschehen: Wer dem Schwert Hasaels entrinnt, den soll Jehu töten, und wer dem Schwert Jehus entrinnt, den soll Elia töten."

Der fröhliche Krieg ging weiter. Ein Prophet sagte dem König Ahab von Israel, der HERR habe befohlen, Krieg gegen die Aramäer zu führen. Gesagt, getan, er schlug sie in einer großen Schlacht. Man schreibt von hunderttausend (!) Mann Fußvolk. Die übrigen sollen in die Stadt Aphek geflohen sein und dort von der Mauer erschlagen worden sein, siebenundzwanzigtausend Mann.

In der „Heiligen Schrift" des „auserwählten Volkes" wird ein Vorgang beschrieben, der zum Nachdenken Anlaß gibt: *(1. Kön. 20)* unter „Naboths Weinberg":

Der Jeseeliter Naboth hatte einen Weinberg in der Nähe des Palastes des Königs Ahab. Der König wollte diesen Weinberg haben und bot dagegen Bezahlung oder Tausch an. Naboth hatte diesen Weinberg aber geerbt und wollte ihn behalten.

Darauf klagte Ahab seiner Frau seine Not, legte sich ins Bett und spielte den eingebildeten Kranken.

Seine liebe Frau wußte Rat. Das heißt, sie handelte und schickte einen gefälschten Brief des Königs an die Ältesten und Oberen, bestellte zwei meineidige Zeugen und klagte den Naboth der Gottes- und Königslästerung an.

Es kam zur gewünschten Verhandlung. Die Zeugen schworen. Der Naboth wurde verurteilt und gesteinigt, und der König erbte den gewünschten Weinberg. Und alle waren zufrieden – bis auf den toten Naboth.

Und was tat der gute König Ahab? Er fastete, zerriß ein paar Kleider und war vor seinem Volk und besonders vor seinem HERRN wieder ein angesehener Mann. Amen!

*

Drei Jahre hatte es keinen Krieg gegeben. Es fand eine Tagung zwischen den Königen von Israel und Juda mit ihren Propheten statt. Sie konnten sich aber nicht einigen, wer den nächsten Kampf anführen sollte. Aber hören Sie selbst! *(1. Kön. 22, 20)*:

„Und der HERR sprach: Wer will Ahab betören, daß er hinauszieht und vor Ramoth in Gilead fällt? Und der eine sagte dies, der andere das. Da trat ein Geist vor und stellte sich vor den HERRN und sprach: Ich will ihn betören. Der HERR sprach zu ihm: Womit? Er sprach: Ich will ausgehen und ein Lügengeist sein im Munde aller Propheten. Er sprach: Du sollst ihn betören und sollst es ausrichten; geh aus und tue das! **Nun siehe, der HERR hat einen Lügengeist gegeben in den Mund aller Propheten.**"

Glücklich das Volk, das sich einen Lügengeist so einfach bestellen kann! Da diese Methode wahrscheinlich patentrechtlich geschützt ist, kommen wir Deutschen wieder einmal zu spät.

*

Das zweite Buch der Könige

Wie würden Sie, verehrte Leser, die Könige und Propheten des „auserwählten Volkes" charakterisieren? Wenn Sie zu einem Ergebnis gekommen sind, so lassen Sie es nicht drucken, weil dann vielleicht alles verboten werden könnte.

Vom Propheten Elia haben wir schon gehört. Da er vorgab, Menschen heilen zu können, wurde er vom König der Moabiter gerufen, den er gesund machen sollte. Es wurde sogar eine Eskorte mit einem Hauptmann und fünfzig Mann gestellt. Nun, der fromme Elia ließ durch einen Trick den Hauptmann und die fünfzig Leute über die Klinge springen. Und wie es so in der Bibel üblich ist, erfolgte eine Wiederholung dieser Veranstaltung. Beim dritten Mal ging er dann doch zum König, aber nur, um ihn zu verfluchen.

Die üblichen Zauberkunststücke des Elia können wir uns ersparen. Er war eben ein Prophet, der mit allen Wassern gewaschen war.

Sein Nachfolger in der Region war Elisa. Das muß ein widerlicher Kauz gewesen sein. Als ihm ein paar Knaben nachliefen und ihn wegen seiner Glatze verspotteten, verfluchte er die Jungen im Namen des HERRN und sorgte dafür, daß sie von Bären zerrissen wurden. (2. Kön. 2, 23)

Als der König Ahab gestorben war, sahen die Moabiter eine Gelegenheit, Israel nicht mehr verpflichtet zu sein. Wieder kam es zum Kampf, und die Israeliten jagten die Moabiter und zerstörten ihre Städte und Felder. (2. Kön. 3, 24)

So ganz „ohne" scheint der Prophet Elisa nicht gewesen zu sein. Sicher sind ihm da ein paar Stellen aus der „Heiligen Schrift" eingefallen; denn er setzte alles, wie gehabt, folgerichtig in die Praxis um (2. Kön. 4, 8):

Eines Tages kam Herr Elisa zu einer gutbetuchten Frau nach Sunem, und sie nötigte ihn zum Essen. Und sooft er dort durchkam, nahm er diese günstige Gelegenheit wahr. Um alles zu legalisieren, sprach die Frau mit ihrem Mann, einem sehr alten Mann, der nicht mehr so recht auf dem Damm war, daß es vielleicht gut sein könnte, wenn man dem frommen Propheten Elisa eine Kammer einrichten würde. Dann brauche er nicht mehr aus dem Hause zu gehen, wenn er sich gestärkt hat.

Und da die Ehe kinderlos, der alte Herr nicht mehr über dieses Thema gesprächsbereit war, sprach sie eben mit dem guten Elisa darüber. Der erbot sich, diese Sache mit dem HERRN zu bereden. Das Gespräch muß sehr erfolgreich gewesen sein, denn Elisa konnte der liebenswerten Dame die frohe Botschaft verkünden, daß alles auf fruchtbaren Boden gefallen sei und sie übers Jahr zu ihrem Kind kommen sollte. Zuerst konnte es die wohlhabende und wohlwollende, vielleicht auch wohl wollende Dame nicht glauben; aber Elisas Über-Zeugungskraft muß sehr überzeugend gewesen sein. Jedenfalls hat alles, wie geweissagt, sauber geklappt. - Die Frömmigkeit hat also auch ihre heiteren Seiten!

Elisa war ein Allround-Mann. Vielleicht sogar eine Art James Bond oder so. Jedenfalls hat er sich auch als Spion betätigt. Er verkehrte nämlich am Hofe des Königs der Aramäer. Und dieser wunderte sich darüber, daß der König von Israel so gut darüber Bescheid wußte, was sich bei ihm abspielte. Trotzdem konnte der alte Schlawiner seine Haut retten.

Schwere Not herrschte, als Samaria belagert wurde. Die Leute hatten nichts mehr zu essen. Da hatte eine Frau einer anderen vorgeschlagen, sie würden heute den Sohn der Gesprächspartnerin kochen und aufessen und am nächsten Tag würde sie ihren eigenen Sohn zur Verfügung stellen. Da haben sie doch tatsächlich den einen aufgegessen! Und am nächsten Tag kniff die Frau, die den Vorschlag gemacht hatte. Diese Schweinerei kam dem König zu Ohren und er drohte, dem Propheten Elisa den Kopf vor die Füße legen zu wollen. (2. Kön. 6, 28) - So muß der fromme Mann wahrscheinlich auch dabei seine Finger im Spiel gehabt haben; denn er war bestens im Bilde, wie die Inflationspreise für Lebensmittel standen.

Der Elisa muß ein richtiger Strolch gewesen sein. Als der König von Aram krank lag, schickte dieser einen Boten zum Mann Gottes, zu Elisa also, mit kostbaren Geschenken, der Last von vierzig Kamelen, um ihn zu befragen, ob er wieder gesund werden kann. Und was antwortete Elisa?: *2. Kön. 8, 10:*

„Elisa sprach zu ihm: Geh hin und sage ihm: Du wirst genesen! - Aber der HERR hat mir gezeigt, daß er des Todes sterben wird ... und er ging weg von Elisa und kam zu seinem Herrn. Der sprach zu ihm: Was sagte Elisa? Er sprach: Er sagte mir: Du wirst genesen. Am andern Tage aber nahm er die Decke und tauchte sie in Wasser und breitete sie über des Königs Angesicht. Da starb er, und Hasael wurde König an seiner Statt." - Und wollen Sie wissen, wer Hasael war? Das war der Bote!

Elisa lebte immer noch. Und er muß auch ein wahrer Intrigant gewesen sein. Nach *2. Kön. 9* schickte er einen Prophetenjünger zu Jehu, den Namen haben wir schon gehört, mit diesem Auftrag:

„... nimm den Krug mit Öl und gieß es auf sein Haupt und sprich: So sagt der HERR: Ich habe dich zum König über Israel gesalbt! - und dann sollst du die Tür auftun und fliehen und nicht zögern." Und dann kommt die Durchführung des Auftrags: *(2. Kön. 9, 6):*

„... Ich habe dich zum König gesalbt über Israel, das Volk des HERRN. Und du sollst das Haus Ahabs, deinen Herrn, schlagen, daß ich das Blut meiner Knechte, der Propheten, und das Blut aller Knechte des HERRN räche, das die Hand Isebels vergossen hat, so daß das ganze Haus Ahabs umkomme. Und ich will von Ahab ausrotten, was männlich ist, bis auf den letzten Mann in Israel ... Und die Hunde sollen Isebel fressen auf dem Acker in Jesreel, und niemand soll sie begraben. Und er tat die Tür auf und floh."

(23) „Da wandte Joram um und floh und sprach zu Ahasja: Verräterei Ahasja! Aber Jehu faßte den Bogen und schoß Joram zwischen die Arme, daß der Pfeil durch sein Herz fuhr und Joram in seinem Wagen zusammenbrach."

(27) „Als das Ahasja, der König von Juda, sah, floh er auf Beth-Haggan zu. Jehu aber jagte ihm nach und ließ auch ihn töten auf dem Wagen ..."

Dann kam Jehu zu Isebel, die gerade zum Fenster hinaussah, und er befahl ihren Kämmerern, sie zum Fenster hinauszuwerfen, was prompt geschah. Er befahl zwar, sie zu begraben, aber von der grausigen Überraschung spricht die Bibel so *(2. Kön. 9, 35):*

„Als sie aber hinausgingen, um sie zu begraben, fanden sie nichts von ihr als den Schädel und die Füße und ihre Hände."

Jehu war ein Mann der Tat. Halbe Sachen mochte er wohl nicht. Er blieb bei seinem Vorhaben, das Haus Ahab auszurotten.

Ahab hatte siebzig Söhne. Jehu schrieb an die Ältesten und Obristen nach Samaria. Er meinte, wenn ihr zu mir haltet, dann beweist es damit, daß ihr mir die Köpfe der siebzig Söhne des Ahab schickt *(2. Kön. 10, 7):*

„Als nun der Brief zu ihnen kam, nahmen sie des Königs Söhne und töteten die siebzig und legten ihre Köpfe in Körbe und schickten sie zu Jehu nach Jesreel."

Aber Jehu ist ja noch nicht fertig mit seinem göttlichen Auftrag *(2. Kön. 10, 10):*

„So erkennt denn, daß kein Wort des HERRN auf die Erde gefallen ist, das der HERR geredet hat gegen das Haus Ahab. Der HERR hat getan, wie er geredet hat durch seinen Knecht Elia. So erschlug Jehu alle Übriggebliebenen vom Hause Ahab in Jesreel, alle seine Großen, seine Verwandten und seine Priester, bis nicht ein einziger übrigblieb."

(12) „Und Jehu machte sich auf und zog Samaria zu. Aber als er unterwegs nach Beth-Eked der Hirten kam, da traf Jehu die Brüder Ahasjas, des Königs von Juda, und sprach: Wer seid ihr? Sie sprachen: Wir sind Brüder von Ahasja und ziehen hin, um die Söhne des Königs und die Söhne der Königinmutter zu grüßen. Er aber sprach: Ergreift sie lebendig! Und sie ergriffen sie lebendig und töteten sie bei dem Brunnen Beth-Eked, zweiundvierzig Mann, und er ließ nicht einen einzigen von ihnen übrig."

Jehu war immer noch nicht fertig. Er zog weiter. *(2. Kön. 10, 17)*: „Und als er nach Samaria kam, erschlug er alles, was übrig war von Ahab in Samaria, bis er sein Haus vertilgt hatte nach dem Wort des HERRN, das er zu Elia geredet hatte."

Bei einer Nachlese gab es noch einmal ein Gemetzel, aber dann war wohl wirklich nichts mehr übriggeblieben. Denn das Schlußwort hört sich so an *(2. Kön. 10, 30)*:

„Und der HERR sprach zu Jehu: Weil du willig gewesen bist, zu tun, was mir gefallen hat, und am Hause Ahab alles getan hast, was in meinem Herzen war, sollen dir auf dem Thron Israels sitzen deine Söhne bis ins vierte Glied."

*

Wir meinen, daß die Bibel die Geschichte der Hebräer ist, die in die Israeliten aufgingen. Mehr nicht! Und man könnte über diese Entwicklung damit hinweggehen, indem man sagt: das ist Historie! Da hier aber ein Geschichtsbuch mit allen seinen Unzulänglichkeiten zu einer Religion umfunktioniert und bis zum heutigen Tag als solche beschworen wird, sehen wir uns gezwungen, die ganze Sache aufzudecken.

Wer sich über gewisse Eigenarten der Hebräer wundert, der lese in der „Heiligen Schrift" weiter *(2. Kön. 11, 5)*:

„Und Joas sprach zu den Priestern: Alles für das Heiligtum bestimmte Geld, das in das Haus des HERRN gebracht wird - Geld, wie es gang und gäbe ist -, nämlich das Geld, das jedermann gibt, wie er geschätzt wird, und alles Geld, das jedermann aus freiem Herzen opfert, daß er's in das Haus des HERRN bringe, das sollen die Priester zu sich nehmen, jeder von seinem Bekannten. Davon sollen sie ausbessern, was baufällig ist am Hause, wo sie finden, daß es baufällig ist. Als aber die Priester bis ins dreiundzwanzigste Jahr des Königs Joas nicht ausgebessert hatten, was baufällig war am Hause, rief der König Joas den Priester Jojada samt den Priestern und sprach zu ihnen: Warum bessert ihr nicht aus, was baufällig ist am Haus? Darum sollt ihr nun nicht mehr Geld an euch nehmen, jeder von seinen Bekannten, sondern sollt's geben zur Ausbesserung für das, was baufällig ist am Hause." - Und jetzt kommt der Clou dieser jahrzehntelangen Unterschlagungen in *Vers 9*:

„Und die Priester willigten ein, daß sie vom Volk kein Geld mehr nehmen sollten, aber auch das Baufällige am Hause nicht mehr auszubessern brauchten."

So wird also bis in die heutige Zeit von manchen Leuten unterschlagen, aber über das Zurückzahlen spricht man nicht. Fällt Ihnen vielleicht der Name Nachmann ein?

Und so entstand der Klingelbeutel. Oder kennen Sie diesen Spruch: Sobald das Geld im Kasten klingt, die Seele in den Himmel springt?

„Da nahm der Priester Jojada eine Lade und bohrte oben ein Loch hinein und stellte sie auf zur rechten Hand neben dem Altar ..." *(2. Kön. 12, 10)*

Man ist versucht, Bibeltexte zu übergehen, wo es sich um einfache Morde handelt oder wo nur ein paar Menschen dran glauben müssen oder, wie es im *2. Buch der Könige 13, 7* steht:

„... denn der König von Aram hatte sie umgebracht und sie gemacht wie Staub beim Dreschen." - Der Mensch ist eben ein Gewohnheitstier. Dennoch wollen wir in groben Zügen festhalten, was die Verfasser der Bibel und ihre Hauptakteure an Lebensgewohnheiten zu bieten hatten.

Unter *2. Kön. 13, 14* wird der Tod des Elisa angekündigt:

„Als aber Elisa an der Krankheit erkrankte, an der er sterben sollte, kam Joas, der König von Israel, zu ihm und weinte vor ihm und sprach: Mein Vater, mein Vater! Du Wagen Israels und sein Gespann! Elisa aber sprach zu ihm: Nimm Bogen und Pfeile! Und als er den Bogen und die Pfeile nahm, sprach er zum König von Israel: Spanne mit deiner Hand den Bogen! Und er spannte ihn mit seiner Hand. Und Elisa legte seine Hand auf des Königs Hand und sprach: Schieß! Und er schoß. Elisa aber rief: Ein Pfeil des Siegs vom HERRN, ein Pfeil des Siegs gegen Aram! Du wirst die Aramäer schlagen bei Aphek, bis sie aufgerieben sind. Und er sprach: Nimm die Pfeile! Und als er sie nahm, sprach er zum König von Israel: Schlag auf die Erde! Und er schlug dreimal und hielt inne. Da wurde der Mann Gottes zornig auf ihn und sprach: Hättest du fünf- oder sechsmal geschlagen, so hättest du die Aramäer geschlagen, bis sie aufgerieben wären; nun aber wirst du sie nur dreimal schlagen."

Jeder, der diesen Unsinn liest und noch immer meint, die Bibel sei „Gottes Wort", der sollte vor den Spiegel treten und sich fragen, ob das Gerede dieses Elisa seinen eigenen Vorstellungen von Logik entspricht. Wir halten diesen Mann für einen Scharlatan. Oder genügt dieser Unsinn noch nicht? Hier ist die Fortsetzung aus der Bibel *(2. Kön. 13, 20):*

„Als aber Elisa gestorben war und man ihn begraben hatte, fielen streifende Rotten der Moabiter ins Land Jahr um Jahr. Und es begab sich, daß man einen Mann zu Grabe trug. Als man aber einige Leute von ihnen sah, warf man den Mann in Elisas Grab. Und als er die Gebeine Elisas berührte, wurde er lebendig und trat auf seine Füße." - Religiöser, aber blühender Quatsch!

Man ist versucht zu glauben, daß Jerusalem nur von israelfremden Völkern berannt und zerstört wurde. Das ist nicht der Fall. Das 2. *Buch der Könige berichtet in 14, 12 darüber:*

„Aber Juda wurde vor Israel her geschlagen, und sie flohen, jeder in sein Haus ... und der König von Juda ... kam nach Jerusalem und riß die Mauer Jerusalems ein von dem Tor Ephraim bis an das Ecktor, vierhundert Ellen lang, und nahm alles Gold und Silber und Gerät, das gefunden wurde im Hause des HERRN und im Schatz des Königshauses, dazu die Geiseln, und zog nach Samaria zurück."

Irgendwann regierte ein anderer unbedeutender König über Israel. Mit ihm wurde kurzer Prozeß gemacht (2. *Kön. 15, 10):*

„Und Schallum ... machte eine Verschwörung gegen ihn und schlug ihn tot und wurde König an seiner Statt." - Aber er regierte nur einen Monat *(14):*

„Denn Menahem ... zog herauf von Tirza und kam nach Samaria und schlug Schallum ... in Samaria tot und wurde König an seiner Statt."

Als der Sohn Menahems König geworden war, ging es diesem wiederum an den Kragen. Einer seiner Leute machte eine Verschwörung, schlug ihn tot und wurde König an seiner Statt. (2. *Kön. 15, 25)*

In Israel herrschte der König Pekach. Ein unbekannter Mann, Hosea, machte eine Verschwörung, schlug Pekach tot und wurde selber König. (2. *Kön. 15, 30)*

Immer wieder gab es Krieg zwischen Israel und Juda. Es geht an vielen Stellen der Bibel sehr durcheinander. Für Außenstehende, die also diesem Volk nicht angehören, ist vieles absolut unwichtig. Deshalb würde es langweilen, sich in mehr Einzelheiten zu verlieren.

Um das Jahr 700 vor der Zeitrechnung regierte in Juda der König Hiskia. Er schlug mal wieder die Philister und hatte auch Ärger mit dem König von Assyrien. Der Assyrier schickte einen Boten zur Verhandlung, der hebräisch zum Volk Israel sprach. Dies mißfiel dem Abgesandten der Israeliten, der lieber in aramäisch geredet hätte, und es kam zu einem heftigen Wortgefecht, in dem der Assyrier sagte: „... daß sie mit euch ihren eigenen Mist fressen und ihren Harn saufen." (2. *Kön. 18, 27)* - So deutlich war damals die Diplomatensprache!

Der Prophet Jesaja tröstete seinen König Hiskia:

„So sagt eurem Herrn: So spricht der HERR: fürchte dich nicht vor den Worten, die du gehört hast, mit denen mich die Knechte des Königs von Assyrien gelästert haben. Siehe, ich will einen Geist über ihn bringen, daß er ein Gerücht hören und in sein Land zurückziehen wird, und will ihn durchs Schwert fällen in seinem Lande." (2. *Kön. 19, 6)*

So lernt man immer mehr dazu. Die Israeliten sind also auch die Erfinder der Gerüchteküche! Die Sache muß Erfolg gehabt haben, denn in *Vers 35* steht:

„Und in dieser Nacht fuhr aus der Engel des HERRN und schlug im Lager von Assyrien hundertfünfundachtzigtausend Mann. Und als man sich früh am Morgen aufmachte, siehe, da lag alles voller Leichen."

Dann wurde Hiskia krank und meinte, er müsse sterben. Jesaja trat aber in Aktion und vermittelte des HERRN Zugeständnis, ihm weitere fünfzehn Jahre zu schenken. Zum Beweis dessen ließ der HERR, mit Jesajas Hilfe, die Sonnenuhr zehn Striche rückwärts laufen! *(2. Kön. 19, 11)* - Ein neuer Beweis, wieviel Unsinn in „Gottes Wort" zu finden ist!

In Juda herrschte mal wieder das absolute Chaos. Das große „Reinemachen" begann damit, daß eine Verschwörergruppe den König Amon tötete, das Volk aber alle Verschwörer umbrachte und Amons Sohn zum König machte.

Zu diesem Zeitpunkt geschieht etwas sehr Merkwürdiges *(2. Kön. 22, 8)*:

„Und der Hohepriester Hilkia sprach zu dem Schreiber Schaphan: Ich habe das Gesetzbuch gefunden im Hause des HERRN. Und Hilkia gab das Buch Schaphan, und der las es. Und der Schreiber Schaphan kam zum König und gab ihm Bericht und sprach:

Wer jetzt glaubt, der Schreiber habe die ungeheure Neuigkeit des gefundenen Gesetzbuches nur so herausgesprudelt, der irrt. Er sprach nämlich zuerst folgendes:

(9) „.... Deine Knechte haben das Geld ausgeschüttet, das im Hause des HERRN gesammelt ist, und haben's den Werkmeistern gegeben, die bestellt sind am Hause des HERRN." - Dann erst rückt Schaphan mit der Neuigkeit heraus:

(10) „Dazu sagte der Schreiber dem König: Der Priester Hilkia gab mir ein Buch. Und Schaphan las es vor dem König. Als aber der König die Worte des Gesetzbuches hörte, zerriß er seine Kleider."

Und er hat kein Wort darüber verloren, wo und wie man das Buch der Bücher gefunden habe? Merkwürdig! Sonst spricht die Bibel ellenlang über völlig Belangloses.

Und als Hilkia mit anderen Priestern zur Prophetin Hulda ging, um ihr das Buch zu zeigen, da verfluchte diese die ganze Stadt und weissagte dem König, daß er sterben wird. Auch sie fragte nicht nach den Umständen des Findens dieses sagenhaften Buches.

Aber Josia starb noch nicht. Er hatte eine Bewältigung der Vergangenheit vor. Er ließ alte Gräber aufreißen und die Knochen verbrennen. Und die Priester anderer Religion ließ er auf Altären schlachten und verbrennen. *(2. Kön. 23, 20)*

Weiter rottete er alle Geisterbeschwörer und Zeichendeuter aus. Womit natürlich nicht die eigenen gemeint sind.

Jetzt erst stirbt der König Josia, und zwar im Kampf gegen die Ägypter. Sein Sohn wird unter dem Namen Jojakim bekannt. Unter seiner Regierung gab es Ärger mit dem König von Babel, Nebukadnezar. Aber Jojakim stirbt bald und dessen Sohn Jojachin wird sein Nachfolger.

Der König von Babel belagerte Jerusalem, zerstörte es schließlich und führte die königliche Familie und alle führenden Leute in die Gefangenschaft. Nur das niedrige Volk durfte bleiben. Jojachins Oheim wurde von Nebukadnezar als König von Jerusalem eingesetzt, und zwar unter dem Namen Zedekia. Ihm ging's besonders schlecht. Denn er erhob sich gegen den König von Babel. Dafür wurde er ergriffen, seine Söhne wurden vor ihm ermordet, ihm selber stach man die Augen aus und brachte ihn nach Babel.

Als Vergeltung für die Erhebung wurden noch viele Leute umgebracht. Nach 2. *Kön. 25, 20* sah das so aus:

„... diese alle nahm Nebusaradan, der Oberste der Leibwache, und brachte sie zum König von Babel nach Ribla. Und der König von Babel schlug sie tot in Ribla im Lande Hamath. So wurde Juda weggeführt aus seinem Lande."

Nach siebenunddreißig Jahren Gefangenschaft in Babel ging es dem abgesetzten und gefangenen König Jojachin wieder besser. Er durfte beim König Nebukadnezar am Tisch sitzen und brauchte keine Gefangenenkleidung mehr zu tragen.

*

Die „Propheten" Esra und Nehemia

Die zwei Bücher der Chronik können wir vergessen. Sie enthalten hauptsächlich Wiederholungen. Sie beginnen mit dem Stammbaum bei Adam bis zu Abraham.

Interessant ist allein die Bestätigung, daß der HERR einen Lügengeist in den Mund aller Propheten gegeben habe. *(2. Chr. 18, 19)*

Die sogenannten Propheten Esra und Nehemia sollen zur gleichen Zeit gelebt haben. Nach siebzigjähriger Gefangenschaft in Babel kehrten die Juden nach Jerusalem zurück. Sofort gab es Ärger zwischen den Heimkehrern und den Dagebliebenen wegen des Tempelbaus.

Nachdenklich stimmt, daß während der Zeit der Gefangenschaft Ruhe in der Region herrschte.

Beide Geschichtsschreiber fühlten sich „ihrer Volkszugehörigkeit besonders verpflichtet" (um es vorsichtig zu formulieren). Kaum waren diese Leute in Jerusalem angekommen, fingen sie an, den in Jerusalem Gebliebenen tüchtig die Meinung zu sagen *(Esra 9)*:

„... Das Volk Israel und die Priester und Leviten haben sich nicht abgesondert von den Völkern des Landes mit ihren Greueln, nämlich von den Kanaanitern, Hethitern, Perisitern, Jebusitern, Ammonitern, Moabitern, Ägyptern und Amoritern; denn sie haben deren Töchter genommen für sich und ihre Söhne, und das heilige Volk hat sich vermischt mit den Völkern des Landes. Und die Oberen und Ratsherren waren die ersten bei diesem Treubruch. Als ich dies hörte, zerriß ich mein Kleid und meinen Mantel und raufte mir Haupthaar und Bart ... *(Esra 9, 6)*:

... denn unsere Missetat ist über unser Haupt gewachsen, und unsere Schuld ist groß bis an den Himmel."

Zur Verdeutlichung noch einige Zitate *(Esra 10, 2)*:

„... Wir haben unserm Gott die Treue gebrochen, als wir uns fremde Frauen von den Völkern des Landes genommen haben ... So laßt uns nun mit unserm Gott einen Bund schließen, **daß wir alle fremden Frauen und Kinder, die von ihnen geboren sind, hinaustun nach dem Rat meines HERRN** und derer, die die Gebote unseres Gottes fürchten, daß man tue nach dem Gesetz."

Und es geht weiter bei *Esra 10, 5* und den folgenden Versen:

„Da stand Esra auf und nahm einen Eid von den obersten Priestern, den Leviten und ganz Israel, daß sie nach diesem Wort tun sollten. Und sie schworen ... und wer nicht in drei Tagen nach dem Ratschluß der Oberen und Ältesten käme, dessen ganze Habe sollte dem Bann verfallen und selbst ausgeschlossen sein aus der Gemeinde ... Ihr habt dem HERRN die Treue gebrochen, als ihr euch fremde Frauen genommen und so die Schuld Israels gemehrt habt. Bekennt sie nun dem HERRN, dem Gott eurer Väter, und tut seinen **Willen und scheidet euch von den Völkern des Landes und von den fremden Frauen** ... Und es wurden gefunden unter den Priestern, die sich fremde Frauen genommen hatten ... **und sie gaben die Hand darauf, daß sie ihre Frauen ausstoßen ... Diese alle hatten sich fremde Frauen genommen; und nun entließen sie Frauen und Kinder."**

Esras Worte waren somit Gesetz. Es lohnt sich zu fragen, ob es heute noch gilt. Und wir hoffen, daß diese Frage nicht strafbar ist!

Bei Esra hören wir, daß sein Stammbaum bis Aaron zurückgeführt wird. Es ist allgemein interessant, wie sich die einzelnen Bibeln, je nach Art des Herausgebers, unterscheiden. Weder bei Esra noch bei Nehemia wird darüber gesprochen, wo Esra das „Wort Gottes" hernahm, als er daraus dem Volk vorlas. Wenn es also einer der heutigen Pfarrer mit der Wahrheit genau nehmen würde, so müßte er auf das hinweisen, was die Kirchenväter, also die höchsten Instanzen der Kirche, ausgebrütet haben. Clemens von Alexandrien sagt:

„In der Gefangenschaft Nebukadnezars waren die Schriften zerstört worden und zu Zeiten des Artxerxes, Königs von Persien, prophezeite Esra, der Levite, welcher inspiriert worden war, die Herstellung aller alten Schriften."

Und der Kirchenvater Tertullian schreibt:

„Nachdem Jerusalem durch die babylonische Belagerung zerstört worden war, scheint jedwede Urkunde jüdischer Literatur von Esra wiederhergestellt worden zu sein." - Soviel zu Esra!

*

Ist dies interessant für die Grundlagen einer Religion?: Nehemia war in der Festung Susa, in Babylon, in Gefangenschaft. Er fungierte dort als Mundschenk des Königs. Als er in die Heimat entlassen wurde, begab er sich an den Wiederaufbau Jerusalems. Das Volk muß in ärmlichen Verhältnissen gelebt haben. Dennoch, oder vielleicht gerade deshalb, lebten die Wucherer besonders gut. Er prangert dies an.

Noch eine Nebensächlichkeit fiel uns - aber nur vergleichsweise - auf: Er hatte als Statthalter von Jerusalem auf seine Einkünfte verzichtet. (Zweieinhalbtausend Jahre später verzichtet auch einer auf sein Gehalt. Es war ein Reichskanzler. Dies darf man über diesen Mann nicht berichten! Schon gar nicht darf man seinen Namen nennen!)

Erwähnenswert ist die Charakterisierung des „auserwählten Volkes" *in Neh. 13:*

„... daß die Ammoniter und Moabiter niemals in die Gemeinde Gottes kommen

dürften, weil sie den Kindern Israel nicht mit Brot und Wasser entgegenkamen."
- Als man sie überfiel und ihnen das Land wegnahm!

„Nehemia verbietet die Ehe mit ausländischen Frauen." So lautet eine Überschrift im Buche Nehemia. Und in *Neh. 13, 23* heißt es:

„Zu dieser Zeit sah ich auch Juden, die sich Frauen genommen hatten aus Asdod, Ammon und Moab. Und die Hälfte ihrer Kinder sprach asdodisch oder in der Sprache eines der anderen Völker, aber jüdisch konnten sie nicht sprechen. Und ich schalt sie und fluchte ihnen und schlug einige Männer und packte sie bei den Haaren und beschwor sie bei Gott: Ihr sollt eure Töchter nicht ihren Söhnen geben noch ihre Töchter für eure Söhne oder euch selbst nehmen ... **So reinigte ich sie von allem Ausländischen."**

Na, das sollte sich mal ein anderes Volk getrauen!

*

Das Buch Esther

Dieses Buch bietet Stoff für einen ganzen Roman. Es ist ein Krimi, wie er in der Geschichte der Menschen einmalig sein dürfte. Den äußeren Rahmen bildet die Festung Susa, eine Stadt im heutigen Iran, etwa hundert Kilometer östlich der Grenze zum Irak. Hier wurde Esther in der Gefangenschaft geboren. Zeitpunkt der Handlung ist etwa das Jahr 470 vor der Zeitrechnung.

Der König der Perser war Ahasveros, besser bekannt unter dem Namen Xerxes. Dieser Mann gab ein Fest, das hundertachtzig Tage dauern sollte. Und wie es bei solchen Festen zuging, wurde auch kräftig getrunken, und es passierten Dinge, die man im nüchternen Zustand sicher nicht getan hätte. Leider konnte auch der König sich nicht vor einer Entgleisung bewahren, welche der Ursprung aller Folgen war.

Er hatte nämlich gewettet, daß es keine schönere Frau geben würde als seine Frau Vasti, die ebenfalls zu einem großen Fest gebeten hatte. Zum Zwecke des Beweises schickte der König einen Kämmerer zu Vasti, um diese zu „holen". Das wiederum konnte und wollte sich Vasti nicht bieten lassen. Sie schickte den Kämmerer wieder zurück. Diese Befehlsverweigerung durfte sich der König nun nicht bieten lassen, weil ihn auch seine Ratgeber dazu aufforderten, zu bedenken, welche Folgen das im Reich haben könnte, wenn alle Frauen ihren Gehorsam gegenüber ihren Männern verweigern würden. Der König saß in der Klemme. Er ließ sich beeinflussen, verstieß seine Königin und wollte einer anderen den Platz anbieten.

Im ganzen Lande wurde nach den schönsten Jungfrauen gesucht. Sie wurden am Hofe zu Susa zusammengeführt und ein Jahr lang auf Königin-Aspirantin getrimmt.

Und hier witterte der Onkel eines schönen Mädchens, das in der Gefangenschaft geboren wurde, eine ungeahnte Möglichkeit, sich - von langer Hand vorbereitet- an den Babyloniern zu rächen.

Im Schloß zu Susa waren auch Juden beschäftig. Dazu gehörte Mardochai, der Onkel von Esther, die eigentlich Hadassa hieß. Als ihre Eltern tot waren, nahm der Onkel das kleine Mädchen als Tochter in sein Haus. Am Hofe zu Susa hatte Mardochai still seine Pflicht erfüllt. Seine steten Gedanken waren, für seine angenommene Tochter auf das große Glück, die große Aufgabe zu warten. Als dann aus dem ganzen Lande die schönsten Jungfrauen gesucht wurden, um sie auf eine Vorstellung beim König vorzubereiten, da hat der gute Onkel seine Nichte Hadassa unter dem Namen Esther einschmuggeln können. Er hatte ihr aufgetragen, niemand zu sagen, daß sie eine Jüdin sei.

Heimlich stand der Onkel mit Esther in Verbindung. Er gab ihr Anweisungen, wie sie sich zu verhalten habe.

Endlich kam der große Tag, da der König seine neue Königin auswählte. Seine Wahl fiel auf Esther. Und seine Liebe war so groß, daß er ihr hörig wurde.

Immer noch handelte Esther nach Mardochais Anweisungen. Eines Tages sagte er ihr, sie solle den König vor einer Verschwörung warnen, die Mardochai aufgedeckt habe. Der Zweck heiligte die Mittel. Die beiden angeblichen Verschwörer wurden aufgehängt und Mardochai ein angesehener Mann.

Der König hatte einen besonderen Vertrauten. Er hieß Haman. Haman war aber kein Freund der Juden. Er hatte auch das Spiel des Mardochai erkannt. Daraus wurde eine unüberbrückbare Feindschaft zwischen Haman und den Juden, wobei Mardochai der Drahtzieher war. Es entspann sich ein heftiger Kampf hinter den Kulissen. Mardochai sorgte dafür, daß Haman beim König in Verruf geriet. Das Intrigenspiel hatte mehrere grausame Höhepunkte.

Zum ersten gewaltigen Schlag hatte Esther als Schauplatz ein Fest ausgesucht, zu dem sie gebeten hatte und auch Haman einlud. Wieder einmal in weintrunkener Laune, wollte der König seiner schönen Königin einen besonderen Wunsch erfüllen. Sie verleumdete Haman und wünschte sich seinen Tod. Der Wunsch wurde prompt erfüllt und Haman im Garten aufgehängt.

Darauf wurde Mardochai ein Großer am Hofe des Königs, der befugt wurde, im Namen des Königs Befehle zu erlassen.

Eine vorgetäuschte Verschwörung gegen die Juden wurde jetzt durch die Befehle Mardochais ins Gegenteil umgewandelt. Mardochai ließ so die zehn Söhne Hamans töten und viele andere, die zur Spitze der Regierung des Königs gehörten.

In der Bibel liest es sich so (*Esth. 9, 11*):

„Zu derselben Zeit kam die Zahl der Getöteten in der Festung Susa vor den König. Und der König sprach zu der Königin Esther: Die Juden haben in der Festung Susa fünfhundert Mann getötet und umgebracht, auch die zehn Söhne Hamans; was werden sie getan haben in den anderen Ländern des Königs? Was bittest du, daß man dir's gebe? Und was begehrst du, daß man's tue? Esther sprach: Gefällt's dem König, so lasse er auch morgen die Juden in Susa tun nach dem Gesetz für den heutigen Tag, aber die zehn Söhne Hamans soll man an den Galgen hängen.

Und der König befahl, so zu tun. Und das Gesetz wurde zu Susa gegeben, und die zehn Söhne Hamans wurden gehängt. Und die Juden in Susa versammelten sich auch am vierzehnten Tage des Monats Adar und töteten in Susa dreihundert Mann; ... Auch die andern Juden in den Ländern des Königs kamen zusammen, um ihr Leben zu verteidigen und sich vor ihren Feinden Ruhe zu verschaffen, und töteten fünfundsiebzigtausend von ihren Feinden ..."

Das muß man sich einmal vorstellen! Dabei war keinem Juden ein Haar gekrümmt worden! Nur als Vorwand wurde eine angebliche Absicht gegen die Unschuldigen benutzt, um ein solches Gemetzel zu veranstalten!

Dieses Morden der Juden an den Persern wird bis auf den heutigen Tag als Freudenfest gefeiert, wobei man sich gegenseitig mit Geschenken bedenkt. Es ist das Purimfest, fällt in den Februar oder März und wird mit viel Radau, mit Rasseln und Klappern, begangen. So haben sich die Juden mit diesem Fest ein Denkmal gesetzt. Sie sind heute noch stolz auf die Tat von damals.

*

Das Buch Hiob.

Es nimmt in der Bibel einen bedeutenden Platz ein und ist im Grunde nichts anderes als eine Märchenstunde. Ein reicher Mann, nein, ein sehr reicher Mann verliert alles, was er hat, restlos, einschließlich seiner sieben Söhne und drei Töchter. Als er nun alles verloren hat und noch immer nicht verzagt, wird er von Gott belohnt. Er hat wieder sieben Söhne, drei Töchter und noch mehr an Vermögen, als er vorher gehabt hat. Erwähnenswert ist die Anmerkung zum Bibeltext *Hiob 1, 6*:

„... Da die Göttersöhne kamen und vor den HERRN traten, kam auch der Satan unter ihnen."

Zu dem Wort „Göttersöhne" lautet die Anmerkung: „Das sind himmlische Wesen, die das Gefolge Gottes bilden und vor seinem Thron erscheinen; zu ihnen gehört auch der Satan." - Und was sagen die Anhänger dieser Religion dazu?

*

Auch bei den Psalmen

streiten sich die Gelehrten über Herkunft und Alter. Oft denken die Anhänger der jüdisch-christlichen Religion, es handle sich durchweg um fromme Gesänge. (Sie bekommen ja nur diese zu hören, wenn sie alle Jubeljahr zur Kirche gehen!) Die Wahrheit sieht anders aus. Entscheiden Sie selbst, wie sie solche Gesänge bezeichnen würden. Unsere Meinung dürfen wir nicht äußern.

Bei unsern Beispielen werden wir anfangs den Namen desjenigen nennen, dem der Psalm zugeschrieben wird.

David 5, 9:

„HERR, leite mich in deiner Gerechtigkeit
um meiner Feinde willen;
ebne vor mir deinen Weg!

Denn in ihrem Munde ist nichts Verläßliches; ihr Inneres ist Bosheit.
Ihr Rachen ist ein offenes Grab;
mit ihrer Zunge heucheln sie.
Sprich sie schuldig, Gott,
daß sie zu Fall kommen durch ihre Ränke.
Stoße sie aus um ihrer vielen Übertretungen willen;
denn sie sind Widerspenstig gegen dich."

David 6, 11:

„Es sollen alle meine Feinde zuschanden werden und sehr erschrecken; sie sollen umkehren und zuschanden werden plötzlich."

David 7, 13:

„Wahrlich, wieder hat einer sein Schwert gewetzt
und seinen Bogen gespannt und zielt.
Doch sich selber hat er tödliche Waffen gerüstet
und feurige Pfeile bereitet.
Siehe, er hat Böses im Sinn,
mit Unrecht ist er schwanger und wird Lügen gebären.
Er hat eine Grube gegraben und ausgehöhlt -
und ist in die Grube gefallen, die er gemacht hat.
Sein Unrecht wird auf seinen Kopf kommen
und seine Frevel auf seinen Scheitel fallen."

David 9, 7:

„Der Feind ist vernichtet, zertrümmert für immer,
die Städte hast du zerstört; jedes Gedenken an sie ist vergangen."

David 17, 13:

„HERR, mache dich auf, tritt ihm entgegen und demütige ihn!
Errette mich vor dem Gottlosen mit deinem Schwert."

David 18, 30:

„Denn mit dir kann ich Kriegsvolk zerschlagen
und mit meinem Gott über Mauern springen."

David 18, 38:

„Ich will meinen Feinden nachjagen und sie ergreifen
und will nicht umkehren, bis ich sie umgebracht habe.
Ich will sie zerschmettern, daß sie nicht mehr aufstehen können;
sie müssen unter meine Füße fallen.
Du rüstest dich mit Stärke zum Streit;
du wirfst unter mich, die sich gegen mich erheben.
Du treibst meine Feinde in die Flucht,
daß ich vernichte, die mich hassen."

Wir sind sicher, daß alle in einer Kirche versammelten christliche Schäfchen diesen Text mitsingen würden, wenn sich ein Pfarrer einmal diesen Gag mit *Psalm 18, 38* einfallen ließe.

David 18, 43:
„Ich will sie zerstoßen, wie Staub vor dem Winde,
ich werfe sie weg wie Unrat auf die Gasse.
Du hilfst mir aus dem Streit des Volkes
und machst mich zum Haupt über Heiden;
ein Volk, das ich nicht kannte, dient mir.
Es gehrocht mir mit gehorsamen Ohren;
Söhne der Fremde müssen mir huldigen.
Die Söhne der Fremde verschmachten
und kommen mit Zittern aus ihren Burgen."

David 18, 48:
„Der Gott, der mir Vergeltung schafft
und zwingt die Völker unter mich."

Hier gibt es wohl keine Zweifel mehr, was solche Gesänge zu bedeuten hatten!

Es gibt ungefähr 150 Psalmen. Darunter auch reine Liebeslieder, die wohl vom Völkerkundlichen her interessant sind, jedoch mit einer Religion, mit der missioniert werden soll, nichts, aber auch gar nichts zu tun hat!

Interessant sind auch die Lobhudeleien Davids auf sich selbst. Wer ihn aus seinen Sturm- und Drangjahren (um sie nicht anders zu bezeichnen) kennt, der kann sich nur wundern.

Ein paar Kostproben:

David 18, 21:
„Der HERR tut wohl an mir nach meiner Gerechtigkeit,
er vergilt mir nach der Reinheit meiner Hände.
Denn alle seine Rechte habe ich vor Augen,
und seine Gebote werfe ich nicht von mir,
sondern ich bin ohne Tadel vor ihm
und hüte mich vor Schuld.
Darum vergilt mir der HERR nach meiner Gerechtigkeit,
nach der Reinheit meiner Hände vor seinen Augen."

Ob David so sicher war, daß sein Gott nicht merken sollte, was da gespielt wurde?

Oder dies.

David 26, 1:
„HERR, schaffe mir Recht, denn ich bin unschuldig!
Ich sitze nicht bei den heillosen Leuten
und habe nicht Gemeinschaft mit den Falschen.
Ich hasse die Versammlung der Boshaften
und sitze nicht bei den Gottlosen.
Ich wasche meine Hände in Unschuld
und halte mich, HERR, zu deinem Altar.
Raffe meine Seele nicht hin mit den Sündern

noch mein Leben mit den Blutdürstigen,
an deren Händen Schandtat klebt
und die gerne Geschenke nehmen.
Ich aber gehe meinen Weg in Unschuld."

Im Geiste sehen wir alle diejenigen, die in den ersten Kirchenreihen sitzen, die ihre Frömmigkeit wie ein Festkleid zur Schau tragen. Aber wehe, wenn man diesen Leuten mitten in der Woche begegnet!

David 28, 8:

„Der HERR ist seines Volkes Stärke,
Hilfe und Stärke für seinen Gesalbten.
Hilf deinem Volk und segne dein Erbe
und weide und trage sie ewiglich!"

Davids Forderungen an seinen Gott sind oft ganz persönlicherNatur:

David 35, 2:

„Ergreife Schild und Waffen
und mache dich auf, mir zu helfen!
Zücke Speer und Streitaxt wider meine Verfolger!
Sprich zu mir: Ich bin deine Hilfe!
Es sollen sich schämen und zum Spott werden,
die mir nach dem Leben trachten; es sollen zurückweichen und zuschanden werden,
die mein Unglück wollen.
Ihr Weg soll finster und schlüpfrig werden.
Unversehens soll ihn Unheil überfallen;
sein Netz, das er gestellt hat, fange ihn selbst,
zum eigenen Unheil falle er hinein."

Verwünschungen also im Sinne einer Religion??

Im Lexikon lesen wir, daß Zebaoth der Kriegsgott der alttestamentliche Gott der Hebräer ist.

David 59, 6:

„Du, HERR, Gott Zebaoth, Gott Israels,
wache auf und suche heim alle Völker!
Sei keinem von ihnen gnädig,
die so verwegene Übeltäter sind. SELA."

Zur Erklärung: Das Wort SELA soll nach dem Lexikon heißen, hier sollte ein allgemeiner Jubel oder Aufschrei ausbrechen. Volkstümlich bedeutet es auch: abgemacht! oder: punktum!

Abschließen wollen wir Davids fromme Gesänge mit *63, 11:*

„Sie werden dem Schwert dahingegeben
und den Schakalen zur Beute werden.
Aber der König freut sich in Gott."

Wenn man all diese kirchenfrommen Lieder gelesen hat, sollte man sich die Gesichter der Menschen ansehen, wenn sie aus der Kirche kommen. Und man könnte auch ihr weltliches Leben unter die Lupe nehmen. Aber erwarten Sie nicht zuviel. Die führenden Leute haben alles fest im Griff!

*

Es haben noch andere Leute Psalmen gesungen; so z. B. Asaph, ein Sänger aus dem Kreis Davids. Daher dürfen wir auch keinen anderen Zungenschlag erwarten *(83, 10):*

„Mach's mit ihnen wie mit Midian,
wie mit Sisera, mit Jabin am Bach Kison,
die vertilgt wurden bei Endor
und wurden zu Mist auf dem Acker."

Selbst bei den Psalmen kommt es zu ständigen Wiederholungen. Aber dieser kleine Teil der „Gesänge" soll genügen.

*

Die Sprüche Salomos

Über die Sprüche Salomos wollen wir uns nicht lange aufhalten. Es handelt sich meistens um Lebensweisheiten, wie sie in jedem Volk zu entdecken sind. Wie schon gesagt: Salomo war kein echter Jude! Seine Mutter war eine Hethiterin. Solche Nachkommen wurden zu anderer Zeit verstoßen.

Salomo erteilte Ratschläge fürs praktische Leben. Erstaunlich, was er über den Umgang mit Frauen von sich gibt. Aber er hatte ja reichlich Erfahrung. Auch hier könnte man an die bekannten Betschwestern denken.

So warnt er den Sohn vor Ehebruch *(Spr. 7, 6):*

„Denn am Fenster meines Hauses guckte ich durchs Gitter und sah einen unter den Unverständigen und erblickte unter den jungen Leuten einen törichten Jüngling. Der ging über die Gasse zu ihrer Ecke und schritt daher auf dem Weg zu ihrem Hause in der Dämmerung, am Abend, als es Nacht wurde und dunkel war. Und siehe, da begegnete ihm eine Frau im Hurengewand, listig, wild und unbändig, daß ihre Füße nicht im Hause bleiben können. Jetzt ist sie draußen, jetzt auf der Gasse und lauert an allen Ecken. Und sie erwischt ihn und küßt ihn, wird dreist und spricht: Ich hatte Dankopfer zu bringen, heute habe ich mein Gelübde erfüllt. Darum bin ich ausgegangen, dir entgegen, um nach dir zu suchen, und habe dich gefunden. Ich habe mein Bett schön geschmückt mit bunten Decken aus Ägypten. Ich habe mein Lager mit Myrrhe besprengt, mit Aloe und Zimt. Komm, laß uns kosen bis an den Morgen und laß uns die Liebe genießen. Denn der Mann ist nicht daheim, er ist auf eine weite Reise gegangen. Er hat den Geldbeutel mit sich genommen; er wird erst zum Vollmond wieder heimkommen. Sie überredet ihn mit vielen Worten und gewinnt ihn mit ihrem glatten Munde. Er folgt ihr alsbald nach, wie ein Stier zur Schlachtbank geführt wird, und wie ein Hirsch, der ins Netz rennt, bis ihm der Pfeil die Leber spaltet; wie ein Vogel zur Schlinge eilt und weiß nicht, daß es das Leben gilt."

Wir wollen deshalb gar nicht über Salomo herziehen. Man kann nur sagen: So ist das Leben! Und daß er es kannte, das wissen wir aus anderen Zitaten.

Ob Salomo seine Weisheit dann angewandt haben wollte, wenn es sich z. B. um die Bibel mit ihren vielen Worten und vielen Wiederholungen handelt? *Spr. 5, 1:*

„... darum laß deiner Worte wenig sein. Denn wo viel Mühe ist, und wo viele Worte sind, da hört man den Toren."

Und zu diesem Spruch des weisen Salomo kann man wohl nur darauf hinweisen, daß es viele Möglichkeiten gibt, mit der Bibel zu sprechen; denn man findet an einer anderen Stelle genau das Gegenteil *(Spr. 7, 4)*:

„Das Herz der Weisen ist dort, wo man trauert, aber das Herz der Toren dort, wo man sich freut ..."

Oder *Spr. 9, 7*:

„So geh hin und iß dein Brot mit Freuden, trink deinen Wein mit gutem Mut; denn dies dein Tun hat Gott schon längst gefallen."

Und nun noch einen Spruch, mit dessen Auslegung die grünen Pastorinnen Schwierigkeiten bekommen können *(Spr. 7, 26)*:

„Und ich fand, bitterer als der Tod sei ein Weib, das ein Fangnetz ist und Stricke ihr Herz und Fesseln ihre Hände. Wer Gott gefällt, wird ihr entrinnen; aber der Sünder wird durch sie gefangen ... Und ich suchte immerfort und hab's nicht gefunden: unter tausend habe ich einen Mann gefunden, aber ein Weib habe ich unter allen nicht gefunden."

Das hätte er mal früher sagen sollen! Die Damen hätten ihm gewiß die Ohren langgezogen.

*

Der „Prophet" Jesaja

Jesaja wird von den Christen als **der** Prophet überhaupt gehandelt. Über die Fragwürdigkeit der Weissagungen des Jesaja wird später nochmals geschrieben werden, wie es zu Beginn bereits geschehen ist. Wie wurde er zum „Propheten" berufen? In *Jes. 6* heißt es:

„In dem Jahr, als der König Usia starb, sah ich den HERRN sitzen auf einem hohen und erhabenen Thron, und sein Saum füllte den Tempel. Seraphim stand über ihm; ein jeder hatte sechs Flügel: mit zweien deckten sie ihr Antlitz, mit zweien deckten sie ihre Füße, und mit zweien flogen sie. Und einer rief zum andern und sprach: Heilig, heilig, heilig ist der HERR Zebaoth, alle Lande sind seiner Ehre voll! Und die Schwellen bebten von der Stimme ihres Rufens, und das Haus ward voll Rauch. Da sprach ich: Wehe mir, ich vergehe! Denn ich bin unreiner Lippen und wohne unter einem Volk von unreinen Lippen; denn ich habe den König, den HERRN Zebaoth, gesehen mit meinen Augen. Da flog einer der Seraphim zu mir und hatte eine glühende Kohle in der Hand, die er mit der Zange vom Altar nahm, und rührte meinen Mund an und sprach: Siehe, hiermit sind deine Lippen berührt, daß deine Schuld von dir genommen werde und deine

Sünde gesühnt sei. Und ich hörte die Stimme des HERRN, wie er sprach: Wen soll ich senden? Wer will unser Bote sein? Ich aber sprach: Hier bin ich, sende mich!"

So einfach ist das also, wenn man sich den ganzen faulen Zauber drumherum wegdenkt, um vom HERRN als Prophet gesandt zu werden. Kein Wunder, daß es damals solche Propheten wie Sand am Meer gab.

Bevor uns die „Gläubigen-allzu-Gläubigen" vorwerfen könnten, wir hätten *Jes. 7, 14* übersehen: Hier ist er:

„Darum wird euch der HERR selbst ein Zeichen geben: Siehe, eine Jungfrau ist schwanger und wird einen Sohn gebären, den wird sie nennen Immanuel."

Erstens ist dieser Trick mit der gebärenden Jungfrau keineswegs neu. Auf diese Idee waren schon andere gekommen. Zweitens sollte man auf Frau Ranke-Heinemann hören, die als katholische Lehrbefugte diesen Unsinn ablehnt. Aber drittens sollte man daran denken, daß es sich gut weissagen läßt, wenn die Zeit, für die die Prophezeiung gilt, längst Geschichte ist. Die Weissagungen des Jesaja sind, um es ganz deutlich zu sagen, erst nach Beginn unserer Zeitrechnung geschrieben worden.

Nicht vergessen wollen wir auch *Jes. 9, 5:*

„Denn uns ist ein Kind geboren, ein Sohn ist uns gegeben, und die Herrschaft ruht auf seiner Schulter; und er heißt Wunder-Rat, Gott-Held, Ewig-Vater, Friede-Fürst; auf daß seine Herrschaft groß werde und des Friedens kein Ende auf dem Thron Davids und in seinem Königreich, daß er's stärke und stütze durch Recht und Gerechtigkeit von nun an bis in Ewigkeit. Solches wird tun der Eifer des HERRN Zebaoth."

Wie wollen sich hier die Christen entscheiden? Den zeitlichen Schwindel mit der verspäteten „Weissagung" über längst vergangene Zeiten? Oder wollen sie sich auf die Seite der Juden schlagen, für die der Rabbi Jesus kein Messias ist? Denn sie warten ja immer noch auf den großen Erlöser!

Und inwieweit diese „Weissagung" nun eingetroffen ist, das muß der Leser selbst entscheiden *(Jes. 11, 6):*

„Da werden die Wölfe bei den Lämmern wohnen und die Panther bei den Böcken lagern. Ein kleiner Knabe wird Kälber und junge Löwen und Mastvieh miteinander treiben. Kühe und Bären werden zusammen weiden, daß ihre Jungen beieinander liegen, und Löwen werden Stroh fressen wie die Rinder. Und ein Säugling wird spielen am Loch der Otter, und ein entwöhntes Kind wird seine Hand strecken in die Höhle der Natter. Man wird niemals Sünde tun noch freveln ..."

Die Natur wird auf den Kopf gestellt! Da kann man doch nur sagen: Wie uns der kleine Moritz die Welt vorgaukeln will. Nur hat er vergessen, daß er vom Mastvieh sprach! Die Löwen werden also Vegetarier werden, der Mensch bleibt beim Steak! Abgesehen von der Art des Tötens!

Jesaja konnte aber auch anders. Es steckte noch die ganze Wut in ihm über die babylonische Gefangenschaft. Und so kann man sagen: Theorie und Praxis sind zwei verschiedene Stiefel *(Jes. 11, 14):*

„Sie werden sich stürzen auf das Land der Philster im Westen und miteinander berauben alle, die im Osten wohnen. Nach Edom und Moab werden sie ihre Hände ausstrecken, die Ammoniter werden ihnen gehorsam sein. Und der HERR wird austrocknen die Zunge des Meeres von Ägypten und wird seine Hand gehen lassen über den Euphrat mit seinem starken Wind und ihn in sieben Bäche zerschlagen ..." - Alles „fromme" Wünsche in gewohnter Weise.

Der israelische Gott wird bemüht, das verhaßte Babylon zu vernichten. Der Untergang soll komplett sein *(Jes. 13, 4):*

„... Der HERR Zebaoth rüstet ein Heer zum Kampf. Sie kommen aus fernen Landen, vom Ende des Himmels, ja, der HERR selbst samt den Werkzeugen seines Zornes, **um zu verderben die ganze Erde.**"

Jes. 13, 13:

„... und die Erde soll beben und von ihrer Stätte weichen durch den Grimm des HERRN Zebaoth, am Tage seines Zornes. Und sie sollen sein wie ein verscheuchtes Reh und wie eine Herde ohne Hirte, daß sich ein jeder zu seinem Volk kehren und ein jeder in sein Land fliehen wird. Wer da gefangen wird, **wird erstochen,** und wen man aufgreift, **wird durchs Schwert fallen. Es sollen auch die Kinder vor ihren Augen zerschmettert, ihre Häuser geplündert und ihre Frauen geschändet werden.**"

Jes. 13, 18:

„... die Jünglinge mit Bogen erschießen und **sich der Frucht des Leibes nicht erbarmen und die Kinder nicht schonen.**"

Jes. 14, 2:

„... **und dann wird das Haus Israel sie als Knechte und Mägde besitzen im Lande des HERRN.**"

Jes. 14, 6:

„... schlug die Völker im Grimm und ohne Aufhören und herrschte mit Wüten über die Nation und **verfolgte ohne Erbarmen.**"

Jes. 14, 11:

„... **Gewürm wird dein Bett sein und Würmer deine Decke.**" - Wie kann ein Mensch nur so hassen? Aber dies alles gehört zu einem gottgefälligen Propheten und ... zur „Heiligen Schrift"!

Weil es in unserm Titel begründet ist, dürfen wir die folgenden „frommen Wünsche" nicht unterschlagen *(Jes. 14, 19):*

„du aber bist hingeworfen ohne Grab wie ein verachteter Zweig, **bedeckt von Erschlagenen, die mit dem Schwert erstochen sind, wie eine zertretene Leiche.**"

Jes. 14, 21:

„Richtet die Schlachtbank für seine Söhne ..." *Jes. 14, 22:*

„Und ich will über sie kommen, spricht der HERR Zebaoth, und will Babel **ausrotten Name und Rest, Kind und Kindeskind**, spricht der HERR. Und ich will Babel machen zum Erbe für die Igel und zu einem Wassersumpf und will es mit dem Besen des Verderbens wegfegen, spricht der HERR Zebaoth."

Jesaja wettert weiter gegen Assyrien *(Jes. 14, 24):*

„Der HERR Zebaoth hat geschworen: Was gilt's? Es soll gehen, wie ich denke ... daß Assur zerschlagen werde in meinem Lande und ich es zertrete ..."

Und gegen die Philister *(Jes. 14, 30):*

„... aber deine Wurzel will ich durch Hunger töten, und deine Übriggebliebenen werde ich **morden**. Heule, Tor! Schreie, Stadt! Erbittere, ganz Philisterland!"

Es ist nicht zu fassen, wie haßgeladen ein Mensch sein kann, der in der „Heiligen Schrift" das große Wort führen darf!

Moab ist natürlich auch dran! Jesaja muß wohl Tag und Nacht nur „geweissagt" haben. Seine Sprache läßt vermuten, daß er täglich in Trance oder im Tran gewesen ist *(Jes. 15):*

„Dies ist die Last für Moab: Des Nachts kommt Verheerung über Ar in Moab, es ist dahin; des Nachts kommt Verheerung über Kir in Moab, es ist dahin! Es geht hinauf die Tochter Dibon zu den Altären, um zu weinen; Moab heult über Nebo und über Medeba. Jedes Haupt ist kahlgeschoren, jeder Bart ist abgeschnitten. Auf ihren Gassen gehen sie mit dem Sack umgürtet, auf ihren Dächern und Straßen heulen sie alle und gehen weinend umher."

Jes. 15, 8:

„Geschrei geht um in den Grenzen Moabs, Geheul bis Eglajim und Geheul bis Beer-Elim! Denn die Wasser von Dimon sind voll Blut. Dazu will ich über Dimon noch mehr Unheil kommen lassen, Löwen über die Entronnenen Moabs und über die Übriggebliebenen im Lande."

Jesaja läßt noch andere Länder und Völker in seinen Gedanken heulen und unfaßbare Greuel und Not leiden. Es wird ihm dabei ein Wonneschauer nach dem andern über den Rücken gelaufen sein.

Mit Zebaoths, des Kriegsgottes, Hilfe gedenkt Jesaja Ägypten restlos in die Knie zu zwingen. Er läßt nichts aus, was es an Unheil geben könnte. Der HERR wird sogar einen „Taumelgeist" erfinden, um ganz Ägypten taumeln zu machen. *(Jes. 19)*

Bei *Jes. 19, 15* heißt es:

„Und Ägypten wird nichts gelingen, was Kopf oder Schwanz, Ast oder Stumpf ausrichten wollen."

So „predigt" er unentwegt weiter, alles kraft seines „Auftrages" seines HERRN Zebaoth. Wie heißt es doch im Lexikon unter Zebaoth?: Hebräischer Kriegsgott. Seitenweise offenbart sich das „Wort Gottes" in solchen Verwünschungen.

Gehört dies alles zu einer Religion, von der man im positiven Sinne innerlich ergriffen sein kann?

Interessant ist, was Jesaja Tyrus zugedacht hat *(Jes. 23, 15)*:

„... Aber nach siebzig Jahren wird es mit Tyrus gehen, wie es im Hurenlied heißt: Nimm die Harfe, geh in der Stadt umher, du vergessene Hure! Mach's gut auf dem Saitenspiel und singe viel Lieder, auf daß dein wieder gedacht werde! Denn nach siebzig Jahren wird der HERR die Stadt Tyrus heimsuchen, daß sie wieder zu ihrem Hurenlohn komme und Hurerei treibe ..."

Nun, die frommen Pfaffen werden diese Worte sicher in ganz sittsame Verse verwandeln und den Gläubigen mit Schmalz in der Stimme dieses als „Gottes Wort" verkünden.

Und da Jesaja in seiner grausamen Sprache gegenüber den Nachbarvölkern so schön in Fahrt ist, „weissagt" er, daß dann gleich der ganze Erdball vernichtet wird. Nur wenige sollen nach seiner Meinung übrig bleiben; und die gehören natürlich zum „Volk Gottes".

Wenn man daran denkt, daß unsere Erde tatsächlich einmal erkalten oder verglühen wird, so könnte Jesaja recht behalten.

Wohl um Abwechslung hineinzubringen, läßt Jesaja dann von einem „großen Freudenfest" berichten, das der HERR veranstalten wird, aber ... nicht für alle! *(Jes. 25, 10)*:

„Moab aber wird zertreten werden, wie Stroh in die Mistlache getreten wird. Und wenn er auch seine Hände darin ausbreitet, wie sie ein Schwimmer ausbreitet, um zu schwimmen, so wird doch der HERR seinen Hochmut niederdrücken trotz allen Mühens seiner Arme. Und seine hohen steilen Mauern wird er beugen, erniedrigen und in den Staub zu Boden werfen."

Die Moabiter liegen ihm besonders im Magen.

Unter der Überschrift „Gottes Gericht über die Welt und Israels Auferweckung" spricht Jesaja über Trübsal und Angst in der Bedrängnis. Er vergleicht die Menschen mit einer gebärenden Frau *(Jes. 26, 18)*:

„Wir sind auch schwanger, und uns ist bange, und wenn wir gebären, so ist's Wind."

Man sieht, dieser „Prophet" war trotz allem nicht ganz humorlos.

Und wollen Sie wissen, wie es seinerzeit in Jerusalem die Priester und Propheten so trieben, dann lesen Sie bei *Jesaja 28, 7* nach:

„Aber auch diese sind vom Wein toll geworden und taumeln von starkem Getränk. Priester und Propheten sind toll von starkem Getränk, sind vom Wein verwirrt. Sie taumeln von starkem Getränk, sie sind toll beim Weissagen und wanken beim Rechtsprechen. Denn alle Tische sind voll Gespei und Unflat an allen Orten."

Wenn man diesen Text liest, so könnte man meinen, auch Jesaja, oder wer immer diesen Sermon geschrieben hat, sei voll des süßen Weines gewesen. Und wer

bürgt dafür, daß Herr Jesaja nicht auch bei dieser Clique mitgemacht hat?
Immer wieder kommt es zu frommen Wünschen für das Volk Israel und Verwünschungen für alle andren Völker (Jes. 27, 6):
„Es wird einst dazu kommen, daß Jakob wurzeln und Israel blühen wird, daß sie den Erdkreis mit Früchten erfüllen. Wird doch Israel nicht geschlagen, wie seine Feinde geschlagen werden, und nicht getötet, wie seine Feinde getötet werden."
Das Gericht über Assyrien „sieht" Jesaja so (30, 27):
„Siehe, des HERRN Name kommt von ferne! Sein Zorn brennt, und mächtig erhebt er sich, seine Lippen sind voll Grimm und seine Zunge wie ein verzehrendes Feuer und sein Odem wie eine Wasserflut, die bis an den Hals reicht, zu schwingen die Völker in der Schwinge des Verderbens. Und er wird die Völker mit einem Zaum in ihren Backen hin und her treiben. Da werdet ihr singen wie in der Nacht des heiligen Festes und euch von Herzen freuen, wie wenn man mit Flötenspiel geht zum Berge des HERRN, zum Hort Israels. Und der HERR wird seine herrliche Stimme erschallen lassen, und man wird sehen, wie sein Arm herniederfährt mit zornigem Drohen und mit Flammen verzehrenden Feuers, mit Wolkenbruch und Hagelschlag. Da wird Assur erschrecken vor der Stimme des HERRN, der ihn schlägt mit dem Stock. Jedesmal, wenn ein Schlag daherfährt, wird der Stock zur Zuchtrute, die der HERR auf ihn niedersausen läßt; und so bekämpft er ihn, daß er ihn als Opfer schwingt unter Pauken und Zitherspiel. Denn die Feuergrube ist längst hergerichtet, ja, sie ist auch dem König bereitet, tief und weit genug. Der Scheiterhaufen darin hat Feuer und Holz die Menge, der Odem des HERRN wird ihn anzünden wie ein Schwefelstrom."
Spricht hieraus nicht Haß, Rache und Grausamkeit? Wo findet man Ähnliches als Inhalt einer Religion?
Gegen Assur geht die Tirade weiter (Jes. 31, 8):
„Und Assur soll fallen, nicht durch Mannes-Schwert, und soll verzehrt werden, nicht durch Menschen-Schwert. Und es wird vor dem Schwert fliehen, und seine junge Mannschaft wird Frondienste leisten müssen. Und sein Fels wird vor Furcht weichen, und seine Fürsten werden das Banner verlassen, spricht der HERR, der zu Zion ein Feuer und zu Jerusalem einen Glutofen hat."
Jesaja spricht auch vom „künftigen Reich der Gerechtigkeit". Da heißt es in Jes. 32, 7:
„Und des Betrügers Waffen sind böse, er sinnt auf Tücke, um die Elenden zu verderben mit falschen Worten, auch wenn der Arme das Recht vertritt."
Wem kommen da nicht die Gedanken an die Gegenwart? Ist es nicht verboten, nach der Wahrheit zu suchen? Viel weniger darf man die Wahrheit aussprechen! Und wer bestimmt, was Wahrheit ist?
So sind wir gezwungen, den Bibel-Unwissenden das „Wort Gottes" näherzubringen.
Und wissen Sie, wie sich das „auserwählte Volk" bei Jesaja selbst sieht? (Jes. 33, 5):

„Er hat Zion mit Recht und Gerechtigkeit erfüllt."

Jes. 33, 14:

„... Heuchler befallen, und sie sprechen: Wer ist unter uns, der bei verzehrendem Feuer wohnen kann? Wer ist unter uns, der bei ewiger Glut wohnen kann? Wer in Gerechtigkeit wandelt und redet, was recht ist, wer schändlichen Gewinn haßt und seine Hände bewahrt, daß er nicht Geschenke nehme; wer seine Ohren zustopft, daß er nichts von Blutschuld höre, und seine Augen zuhält, daß er nichts Arges sehe: der wird in der Höhe wohnen, und Felsen werden seine Festung und Schutz sein. Sein Brot wird ihm gegeben, sein Wasser hat er gewiß ... Denn der HERR wird dort bei uns mächtig sein ... Denn der HERR ist unser Richter, der HERR ist unser Meister, der HERR ist unser König; der hilft uns! ... Dann wird viel Beute ausgeteilt werden, und auch die Lahmen werden plündern ..."

Da haben wir's! Schwarz auf weiß! So lieb kann nur das „Volk Gottes" sein!

Man muß sich fragen, ob dieser Jesaja nicht wahnsinnig gewesen ist. Ein Psychiater wird diese Frage vielleicht leichter beantworten können. Die Frage ist: Kann ein Mensch, der nur in solchen abwegigen Gefühlen schwelgt, noch normal empfinden und denken? Hören wir *Jes. 34:*

(Unter dem Vorwand gegen die Heiden aufzutreten, wird Gottes Strafgericht über den Erbfeind Edom verkündet.):

„Kommt herzu, ihr Heiden, und höret; ihr Völker, merkt auf! Die Erde höre zu und was sie erfüllt, der Erdkreis und was darauf lebt! Denn der HERR ist zornig über alle Heiden und ergrimmt über eure Scharen. Er wird an ihnen den Bann vollstrecken und sie **zur Schlachtbank geben.** Und ihre Erschlagenen werden hingeworfen werden, **daß der Gestank von ihren Leichnamen aufsteigen wird** und die Berge von ihrem Blut fließen. Und alles Heer des Himmels wird dahinschwinden, und der Himmel wird zusammengerollt werden wie eine Buchrolle, und all sein Heer wird hinwelken, wie ein Blatt verwelkt am Weinstock und wie ein dürres Blatt am Feigenbaum.

Denn mein Schwert ist trunken im Himmel, und siehe, es wird herniederfahren auf Edom und über das Volk, an dem ich den Bann vollstrecke zum Gericht. Des HERRN Schwert ist voll Blut und trieft von Fett, vom Blut der Lämmer und Böcke, vom Nierenfett der Widder. Denn der HERR hält ein Schlachten in Bozra und ein großes Opfer im Lande Edom. Da werden Wildstiere mit ihnen niedersinken und junge Stiere samt Büffeln. **Und ihr Land wird trunken werden von Blut, und die Erde wird triefen von Fett.**

Denn es kommt der Tag der Rache des HERRN und das Jahr der Vergeltung, um Zion zu rächen. Da werden Edoms Bäche zu Pech werden und seine Erde zu Schwefel; ja, sein Land wird zu brennendem Pech werden, das weder Tag noch Nacht verlöschen wird, sondern immer wird Rauch von ihm ausgehen. Und es wird verwüstet sein von Geschlecht zu Geschlecht, daß niemand hindurchgehen wird auf ewige Zeiten, sondern Rohrdommeln und Igel werden's in Besitz nehmen, Nachteulen und Raben werden dort wohnen. Und er wird die Meßschnur darüber spannen, daß es verwüstet werde, und das Bleilot werfen, daß es öde sei. Und Feldgeister werden darin wohnen, und seine Edlen werden nicht mehr sein. Man wird dort keinen König mehr ausrufen, und alle seine Fürsten werden ein Ende haben. Dornen werden wachsen in seinen Palästen, Nesseln und Disteln in seinen Schlössern; und es wird eine Behausung sein der Schakale und eine Stätte für Strauße. Da werden Wüstentiere und wilde Hunde einander treffen, und ein Feldgeist wird dem andern begegnen. Das Nachtgespenst wird auch dort herbergen und seine Ruhestatt dort finden. Da wird auch die Natter nisten und legen, ihre Eier aufhäufen und ausbrüten. Auch die Raubvögel werden dort zusammenkommen. Keines vermißt das andere."

So sprach Jesaja im Sinne seines Volkes. Arme Nachbarvölker!

Noch einige Kostproben von Jesajas Denkungsart *(Jes. 40, 9)*:

„Zion, du Freudenbotin, steig auf einen hohen Berg; Jerusalem, du Freudenbotin, erhebe deine Stimme mit Macht; erhebe sie und fürchte dich nicht! Sage den Städten Judas: Siehe, da ist euer Gott, siehe, da ist Gott euer HERR! Er kommt gewaltig, und sein Arm wird herrschen. Siehe, was er gewann, ist bei ihm, und was er sich erwarb, geht vor ihm her. Er wird seine Herde weiden wie ein Hirte. Er wird die Lämmer in seinen Armen sammeln und im Bausch seines Gewandes tragen und die Mutterschafe führen."

Und weiter geht's in selbstherrlicher Manier *(Jes. 41, 8)*:

„Du aber, Israel, mein Knecht, Jakob, den ich erwählt habe, du Sproß Abrahams, meines Geliebten, den ich fest ergriffen habe von den Enden der Erde her und berufen von ihren Grenzen, zu dem ich sprach: Du sollst mein Knecht sein; ich erwähle dich und verwerfe dich nicht -, fürchte dich nicht, ich bin mit dir, weiche nicht, denn ich bin dein Gott. Ich stärke dich, ich helfe dir auch, ich halte dich durch die rechte Hand der Gerechtigkeit. Siehe, zu Spott und zuschanden sollen alle werden, die dich hassen; sie sollen werden wie nichts, und die Leute, die mit dir hadern, sollen umkommen. Wenn du nach ihnen fragst, wirst du sie nicht finden."

Hemmungen kannte Jesaja nicht: „Israel, der Knecht Gottes, das Licht der Welt." Und bei *Jes. 42*:

„Siehe, das ist mein Knecht - ich halte ihn - und mein Auserwählter, an dem meine Seele Wohlgefallen hat ... Ich, der HERR, habe dich gerufen in Gerechtigkeit und halte dich bei der Hand und behüte dich und mache dich zum Bund für das Volk, zum Licht der Heiden ..."

In seinem Rausch wiederholt sich Jesaja laufend. Die Heraushebung des Volkes Israel vor allen anderen Völkern finden wir bei *Jes. 43, 3*:

„Denn ich bin der HERR, dein Gott, der Heilige Israels, dein Heiland. Ich habe Ägypten für dich als Lösegeld gegeben, Kusch und Seba an deiner Statt, weil du in meinen Augen so wert geachtet und auch herrlich bist und weil ich dich lieb habe. **Ich gebe Menschen an deiner Statt und Völker für dein Leben."**

Kennt der Sicherheitsrat der UNO die Bibel nicht? Oder handelt der Sicherheitsrat im Sinne der Bibel?

Jesajas Wut ist nicht zu bremsen. Babylon liegt ihm auch besonders im Magen. Das kann man ja verstehen. Nur, daß alles, was er sagt, eine Weissagung ist, also erst noch geschehen soll, müßte er eigentlich auch vorausgesehen haben, was Babylons König, der hörige Mann der Esther, Israel Gutes tut, als er die Juden wieder nach Hause ziehen läßt. Warum dann noch *Jes. 43, 14:*

„So spricht der HERR, euer Erlöser, der Heilige Israels: ... der ausziehen läßt Wagen und Rosse, Heer und Macht, daß sie auf einem Haufen daliegen und nicht aufstehen, daß sie verlöschen, wie ein Docht verlöscht."

Dagegen tilgt Gott alle Sünden Israels *(Jes. 43, 25):*

„Ich, ich tilge deine Übertretungen um meinetwillen und gedenke deiner Sünden nicht ... ich will meinen Geist auf deine Kinder gießen und meinen Segen auf deine Nachkommen."

Ist das nicht eine unvergleichliche Bevorzugung gegenüber allen anderen Völkern dieser Erde?! Aus nationalen Gründen wurde alles zu einer Religion erhoben! Wie ist das doch mit dem Kaninchen und der Schlange?

In *Jes. 45, 14* steht:

„So spricht der HERR: Der Ägypter Erwerb und der Kuschiter Gewinn und die hochgewachsenen Leute von Seba werden zu dir kommen und dein eigen sein."

Der Haß ist unersättlich!

Nationaler und religiöser Wahn lassen *Jesaja in 45, 17* sagen:

„Israel wird erlöst durch den HERRN mit einer ewigen Erlösung und wird nicht zuschanden noch zu Spott immer und ewiglich."

Die Verwünschungen nehmen kein Ende *(Jes. 47):*

„Herunter, Jungfrau, du Tochter Babel, setze dich in den Staub! Setze auf die Erde, wo kein Thron ist, du Tochter der Chaldäer. Man wird nicht mehr zu dir sagen: „Du Zarte und Verwöhnte". Nimm die Mühle und mahle Mehl, decke auf deinen Schleier! Hebe die Schleppe, entblöße den Schenkel, wate durchs Wasser, daß deine Blöße aufgedeckt und deine Schande gesehen werde! **Ich will mich rächen, unerbittlich, spricht unser Erlöser; der heißt der HERR Zebaoth, der Heilige Israels."**

Der Kriegsgott Israels wird wieder beschworen! Über Seiten hinweg folgen diese krankhaften Ergüsse dieses von den Christen verehrtenPropheten. Oft glaubt man, mehr könnte eigentlich nicht geboten werden. Und doch ist es so! Immer wieder diese eigenen Lobhudeleien *(Jes. 49, 6):*

„... Es ist zu wenig, daß du mein Knecht bist, die Stämme Jakobs aufzurichten und die Zerstreuten Israels wiederzubringen, sondern ich habe dich auch zum Licht der Heiden gemacht, daß du seist mein Heil bis an die Enden der Erde."

Und die Christen wissen nicht einmal, daß sie von den Juden immer noch als Heiden angesehen werden!

Und dies blüht den anderen Völkern *(Jes. 49, 23):*

„... Sie werden vor dir niederfallen zur Erde aufs Angesicht und deiner Füße Staub lecken."

Jes. 49, 26:

„Und ich will deine Schinder sättigen mit ihrem eigenen Fleisch, **und sie sollen von ihrem eigenen Blut wie von süßem Wein trunken werden.**"

Schlimmer geht es schon nicht mehr!

Ein „Prophet" ist wie der andere *(Jes. 60, 12)*:

„Denn welche dir (Zion) oder Königreiche dir nicht dienen wollen, **die sollen umkommen und die Völker verwüstet werden.**"

Jes. 60, 21:

„Und dein Volk sollen lauter Gerechte sein. Sie werden das Land ewiglich besitzen als der Sproß meiner Pflanzungen und als ein Werk meiner Hände mir zum Preis. Aus dem Kleinsten sollen tausend werden und aus dem Geringsten ein mächtiges Volk. Ich, der HERR, will es zu seiner Zeit eilends ausrichten."

Das „auserwählte Volk" mit seinen „Propheten" und Weissagern an der Spitze war sich seiner Vorrangstellung gegenüber anderen Völkern durchaus bewußt. Entsprechend waren ihre Äußerungen. In „Die frohe Botschaft von der kommenden Herrlichkeit" kommt dies besonders zum Ausdruck *(Jes. 61, 5)*:

„Fremde werden hintreten und eure Herden weiden, und Ausländer werden eure Ackerleute und Weingärtner sein. Ihr aber sollt Priester des HERRN heißen, und man wird euch Diener unseres Gottes nennen. Ihr werdet der Völker Güter essen und euch ihrer Herrlichkeit rühmen."

Und wehe dem, der nicht den jüdischen Gott anbetet *(Jes. 65, 12)*:

„... wohlan, **euch will ich dem Schwert übergeben, daß ihr euch alle zur Schlachtbank hinknien müßt ...**"

So zu sprechen sollte sich mal ein anderes Volk erdreisten ...

Der wahnsinnige Jesaja spricht im Namen Gottes von der „Verheißung eines neuen Himmels und einer neuen Erde" *(Jes. 65, 20)*:

„Es sollen keine Kinder mehr da sein, die nur einige Tage leben, oder Alte, die ihre Jahre nicht erfüllen, sondern als Knabe gilt, wer hundert Jahre alt stirbt, und wer die hundert Jahre nicht erreicht, gilt als verflucht."

Wem der Jesaja in seiner krankhaften Art bisher nicht genügt hat, der mag sich an seiner letzten „Weissagung" ergötzen *(66, 16)*:

„Denn der HERR wird durch Feuer die ganze Erde richten und durch sein Schwert alles Fleisch, und der vom HERRN Getöteten werden viel sein. Die sich heiligen und reinigen für das Opfer in den Gärten dem einen nach, der in der Mitte ist, und Schweinefleisch essen, greuliches Getier und Mäuse, die sollen miteinander weggerafft werden, spricht der HERR."

*

Der „Prophet" Jeremia

soll um das Jahr 627 v. d. Z. „berufen" worden sein. Er setzt allerdings bei all den Tricks seiner Vorgänger noch einen drauf. Er wird nicht etwa schon im Mutterleib berufen, nein, noch früher! *(Jer. 1, 4):*

„Und des HERRN Wort geschah zu mir: Ich kannte dich, ehe ich dich im Mutterleib bereitete, und sonderte dich aus, ehe du von der Mutter geboren wurdest, und bestellte dich zum Propheten ..."

Die übliche Großspurigkeit spricht ebenfalls aus ihm *(Jer. 1, 10):*

„Siehe, ich setze dich heute über Völker und Königreiche, daß du ausreißen und einreißen, zerstören und verderben sollst und bauen und pflanzen."

Im übrigen scheint Jeremia, wenn es ihn überhaupt gab und diese „Propheten-Namen" nicht alle nur erfunden wurden, ein Hypochonder gewesen zu sein. Es ist ein ewiges Jammern. Das lassen allein die einzelnen Überschriften in der Bibel erkennen:

„Das ungetreue Gottesvolk."

„Der Feind aus dem Norden wird das Land verheeren."

„Dem sündigen Volk kann nicht mehr vergeben werden."

„Das wohlverdiente Gericht."

„Jeremia als Prüfer des Volkes."

„Die Angst des Volkes und die Trauer des Propheten."

„Jeremias Klagelieder."

„Worte des Gerichts und der Klage."

Schließlich leidet Jeremia an Verfolgungswahn. So kann es nicht ausbleiben, daß er ein Attentat gegen sich befürchtet. Aber der HERR hilft ihm in einer Drohgebärde gegen seine Feinde *(Jer. 11, 22):*

„Darum spricht der HERR Zebaoth: Siehe, ich will sie heimsuchen. Ihre junge Mannschaft soll mit dem Schwert getötet werden, und ihre Söhne und Töchter sollen vor Hunger sterben, daß keiner von ihnen übrigbleibt ..."

Die Uneinigkeit der Juden untereinander hat auch Jeremia zur Verzweiflung gebracht. Sie stammt noch aus der Zeit, da es zwei Staaten gab: Israel und Juda. In *Jer. 15, 2* „läßt ihn der HERR sprechen":

„Wen der Tod trifft, den treffe er; wen das Schwert trifft, den treffe es; wen der Hunger trifft, den treffe er; wen die Gefangenschaft trifft, den treffe sie! ... mit dem Schwert, daß sie getötet werden; mit Hunden, die sie fortschleifen sollen; mit den Vögeln des Himmels und mit den Tieren des Feldes, daß sie gefressen und getilgt werden sollen. Und ich will sie zu einem Bild des Entsetzens machen für alle Königreiche auf Erden ..."

Jeremia jammert auch über sein Amt als Prophet. Er fühlt sich einsam in der Welt. Die bibelübliche humane Drohung gegen andere hört sich bei *Jer. 16, 4* so an:

„Sie sollen an bösen Krankheiten sterben und nicht beklagt und begraben werden, sondern sollen Dung werden auf dem Acker. Durch Schwert und Hunger sollen sie umkommen, und ihre Leichname sollen den Vögeln des Himmels und den Tieren des Feldes zum Fraß werden."

Durch seine negativen Predigten hat sich Jeremia natürlich unbeliebt gemacht. Einem gewissen Paschhur riß der Geduldsfaden, und er gerbte dem Jeremia das Fell. Und wie er danach fluchen konnte, das lesen wir bei Jer. 20, 3:

„... Der HERR nennt dich nicht Paschhur, sondern „Schrecken um und um"; denn so spricht der HERR: Siehe, ich will dich zum Schrecken machen für dich selbst und alle deine Freunde; sie sollen fallen durchs Schwert ihrer Feinde, und du sollst es mit eigenen Augen sehen. Und ich will ganz Juda in die Hand des Königs von Babel geben; der soll sie wegführen nach Babel und mit dem Schwert töten. Auch will ich alle Güter dieser Stadt und allen Ertrag ihrer Arbeit und alle Kleinode und alle Schätze der Könige von Juda in die Hand ihrer Feinde geben; die werden sie rauben, mitnehmen und nach Babel bringen. Und du, Paschhur, sollst mit allen deinen Hausgenossen gefangen weggeführt werden und nach Babel kommen. Dort sollst du sterben und begraben werden samt allen deinen Freunden, denen du Lügen gepredigt hast." - Eigentlich, so finden wir, ist der Fluch noch recht zahm. Er war wohl schlecht drauf an diesem Tag. Vielleicht hatte ihn auch die Nacht davor in Paschhurs Bunker mitgenommen. Auf jeden Fall ist es uns schleierhaft, was dies alles mit einer Religion zu tun haben soll. Wir sind der Meinung, Jeremias Gott muß wohl doch ein seltsamer Gott gewesen sein, wenn er seinen „Propheten" solch schreckliche Dinge sagen läßt! Oder sind dies Zeichen eines religiösen Wahnsinns? (Jer. 20, 14):

„Verflucht sei der Tag, an dem ich geboren bin; der Tag soll ungesegnet sein, an dem mich meine Mutter geboren hat! Verflucht sei, der meinem Vater gute Botschaft brachte und sprach: „Du hast einen Sohn", so daß er ihn fröhlich machte! Der Tag soll sein wie die Städte, die der HERR vernichtet hat ohne Erbarmen. Am Morgen soll er Wehklagen hören und am Mittag Kriegsgeschrei, weil er mich nicht getötet hat im Mutterleibe, so daß meine Mutter mein Grab geworden und ihr Leib ewig schwanger geblieben wäre!"

Wo hat man derartiges schon gelesen? Das ist die Sprache der Bibel?! Aber man muß auch nach der Verfassung der Gläubigen fragen! Oder liegt es daran, daß die „Gläubigen" ganz einfach ihr Gebetbuch nicht kennen? Oder sollte alles nur Gleichgültigkeit sein? Jeder Betroffene muß die Antwort selbst finden!

Jeremia beherrschte die Kunst, sich mit Gott und den Menschen zu zanken. Nach Jer. 26 hatte er sich wieder einmal mit seinem Volk angelegt. Es sprach ihn des Todes schuldig. Da erst merkte er, daß er zuweit gegangen war. Aber als „Prophet" beherrschte er auch die Kunst der Umdeutung (Jer. 26, 13):

„So bessert nun eure Wege und euer Tun und gehorcht der Stimme des HERRN, eures Gottes, dann wird den HERRN auch gereuen das Übel, das er gegen euch geredet hat."

Das war noch mal gutgegangen. Man ließ ihn am Leben.

Der „Propheten-Kollege" Uria hatte jedoch Pech. Er predigte wie Jeremia. Der König wollte ihn dafür töten lassen. Uria konnte zwar nach Ägypten fliehen, aber die Häscher der Israeliten fanden ihn dort, entführten und ermordeten ihn: *Jer. 26, 22.* - Es hört sich an, als wäre es gestern geschehen!

Jeremia wird wohl noch mehr auf dem Kerbholz gehabt haben, als nur seine Rundumschlag-Predigten. Er geriet in Verdacht, Landesverrat an die Chaldäer begangen zu haben. Zwar wurde er in eine ausgetrocknete Zisterne geworfen, aber der abergläubische König ließ ihn wieder frei. (Bei *Jer. 37 u. 38* nachzulesen.)

Als Nebukadnezar das Land einnahm, wurde Jeremia vom Eroberer mit Auszeichnung behandelt. Liegt da nicht ziemlich sicher auf der Hand, daß hier ein Verräter seinen Lohn bekam? Solche Gepflogenheiten haben sich ja bis heute gehalten.

Jer. 39, 11: „Aber Nebukadnezar, der König von Babel, hatte Nebusarasan, dem Obersten der Leibwache, Befehl gegeben wegen Jeremia und gesagt: Nimm ihn und laß ihn dir befohlen sein und tu ihm kein Leid, sondern wie er's von dir begehrt, so mach's mit ihm."

Sollte hier jemand auf höchste Ämter in einem besiegten Volk der neuesten Geschichte schließen, so müssen wir betonen, daß alle Ähnlichkeiten nur rein zufällig sein können!

Sehr interessant ist die Stelle bei *Jer. 41, 2:*

„... Und Ismael, der Sohn Nethanjas, erhob sich samt den zehn Männern, die bei ihm waren, und sie erschlugen Gedaljad, den Sohn Ahikams, des Sohnes Schaphans mit dem Schwert, weil ihn der König von Babel über das Land gesetzt hatte."

Ja, das waren noch Zeiten!

Jeremia trauten die Zurückgebliebenen immer noch nicht. Man vermutete: Einmal Verräter, immer Verräter. Die Unzufriedenen wollten nach Ägypten auswandern und nahmen Jeremia aus Sicherheitsgründen gegen seinen Willen mit. Das genügte Jeremia, seine Wut auch gegen Ägypten loszuwerden *(Jer. 43, 11):*

„Er (Nebukadnezar) soll kommen und Ägyptenland schlagen und töten, wen er trifft, gefangen führen, wen er trifft, mit dem Schwert erschlagen, wen es trifft."

Der Mann ist einfach nicht zu halten! Er wünscht für das eigene Volk eine Endlösung *(Jer. 44, 7):*

„... daß bei euch ausgerottet werden aus Juda Mann und Frau, Kind und Säugling und nichts von euch übrigbleibt."

(11): „... und ganz Juda soll ausgerottet werden." - Was soll man dazu sagen? Seine Wünsche und Weissagungen gingen nicht in Erfüllung. Die Probleme blieben.

Und dann bestätigt Jeremia selbst, daß er seinerzeit Landesverrat beging *(Jer. 44, 30):*

„... Siehe, ich will den Pharao Hophra, den König von Ägypten, übergeben in die Hände seiner Feinde und derer, die ihm nach dem Leben trachten, gleichwie ich Zedekia, den König von Juda, übergeben habe in die Hand Nebukadnezars ..."

Rache und Vergeltung ließen Jeremia nicht mehr los *(Jer. 46, 10):*

„Denn dies ist der Tag Gottes, des HERRN Zebaoth, ein Tag der Vergeltung, daß er sich an seinen Feinden räche, wenn das Schwert fressen und von ihrem Blut voll und trunken werden wird. Denn sie müssen Gott, dem HERRN Zebaoth, ein Schlachtopfer werden im Lande des Nordens am Euphratstrom."

Und da er so schön im Zuge ist, kommen im nächsten Kapitel die Philister dran *(Jer. 47, 4):*

„... um zu verderben alle Philister und auszurotten die letzten Helfer für Tyrus und Sidon."

Und was soll man von der Scheinheiligkeit in *Jer. 47, 6* halten?:

„O du Schwert des HERRN, wann willst du doch aufhören? Fahre in deine Scheide und ruhe und sei still! Aber wie kann es aufhören, da doch der HERR ihm Befehl gegeben hat ..."

Es scheint Tradition der sogenannten „Propheten" zu sein, in ihrem Wahn die Nachbarvölker zu verfluchen. Bei Jeremia erreicht diese gottgefällige und von seinem Gott angeordnete Meinung einen Höhepunkt. Über Seiten hinweg spricht die Bibel nur in dieser Weise: Gegen Moab *Jer. 48, 10:*

„Verflucht sei, wer des HERRN Werk lässig tut; verflucht sei, wer sein Schwert aufhält, daß es nicht Blut vergießt!"

(42): „Denn Moab **muß vertilgt werden**, daß es kein Volk mehr sei ..."

Es folgen die Ausbrüche gegen Ammon und „Weissagungen" gegen Edom: *Jer. 49, 10:*

„... Seine Söhne, seine Brüder und seine Nachbarn sind vernichtet, daß keiner von ihnen mehr da ist."

Damaskus soll dies blühen *(Jer. 49, 26):*

„Darum wird ihre junge Mannschaft auf ihren Gassen fallen, und alle ihre Kriegsleute werden umkommen zur selben Zeit, spricht der HERR Zebaoth."

Auch die arabischen Stämme kommen nicht zu kurz *(Jer. 49, 31):*

„Wohlauf, ziehet herauf gegen ein Volk, das ruhig und sicher wohnt! spricht der HERR; sie haben weder Tür noch Riegel und wohnen allein. Ihre Kamele sollen geraubt und die Menge ihres Viehs genommen werden ... ihr Unglück über sie kommen lassen."

Die „Weissagung" gegen Elam lautet bei *Jer. 49, 38:*

„Meinen Thron will ich in Elam aufstellen und will dort den König und die Fürsten umbringen, spricht der HERR."

Zuerst hat er sein Volk an Babel verraten, danach kann er seine Wut nicht beherrschen. Man muß sich wundern, woher er die vielen Worte und Varianten nimmt *(Jer. 50, 16):*

„Rottet aus von Babel den Sämann und den Schnitter in der Ernte! Vor dem mörderischen Schwert wird sich jeder zu seinem Volk wenden und in sein Land fliehen."

(32): „... Ich will an seine Städte Feuer legen; das soll alles, was ringsumher ist, verzehren."

(35): „Das Schwert soll kommen, spricht der HERR, über die Chaldäer und über die Einwohner von Babel ... Das Schwert soll kommen über ihre Wahrsager ... Das Schwert soll kommen über ihre Starken ... Das Schwert soll kommen über ihre Rosse und Wagen und über alles fremde Volk ... Das Schwert soll kommen über ihre Schätze, daß sie geplündert werden ... und es soll nie mehr bewohnt werden."

Jer. 51, 3: „... vollstreckt den Bann an ihrem ganzen Heer, **daß die Erschlagenen daliegen** im Lande der Chaldäer und die Erstochenen auf ihren Gassen."

So predigt und weissagt Jeremia Krieg und Verderben am laufenden Band. Und dann kommt wieder eine Stelle zum Nachdenken *(Jer.51, 60):*

„Und Jeremia schrieb all das Unheil, das über Babel kommen sollte, in ein Buch, nämlich all diese Worte, die wider Babel geschrieben sind. Und Jeremia sprach zu Seraja: Wenn du nach Babel kommst, so schaue zu, und lies laut alle diese Worte und sprich: HERR, du hast geredet gegen die Städte, daß du sie **ausrotten** willst, so daß niemand darin wohne, weder Mensch noch Vieh, sondern daß sie immerdar wüst sei. Wenn du das Buch vorgelesen hast, so binde einen Stein daran und wirf's in den Euphrat und sprich: So soll Babel versinken und nicht wieder aufkommen ..."

Ja, da muß man sich doch fragen: Woher kommt nun dieser Teil der Bibel, wenn er im Euphrat versenkt wurde?

Danach sollte man aber auch fragen: Wo bleibt die Weissagung zu den Mordnächten der Esther? Oder waren die Inspirationen der späteren Schreiber lückenhaft?

*

Die Klagelieder Jeremias

kann man vergessen. Sie passen zu seinen bisherigen Klage- und Haßgesängen. So kommt auch am Ende seines Jammerns der „fromme" Wunsch bei *Klagel 3, 64:*

„Vergilt ihnen, HERR, wie sie verdient haben! Laß ihnen das Herz verstockt werden, laß sie deinen Fluch fühlen! Verfolge sie mit Grimm und vertilge sie unter dem Himmel des HERRN."

*

Der „Prophet" Hesekiel

muß ein echter Spinner gewesen sein. Man muß sich fragen, wie Luther diesen Blödsinn überhaupt hat übersetzen können. Die Bezeichnung „Spinner" empfinden wir als zu milde. Er könnte auch ein harmloser Geisteskranker gewesen sein. Und wie sollte man diejenigen einstufen, die diesen „Propehten" der „Heiligen Schrift" für würdig befunden haben.

Lesen Sie selbst, was bei *Hes. 1, 4* steht:

„Und ich sah, und siehe, es kam ein ungestümer Wind von Norden her, eine mächtige Wolke und loderndes Feuer, und Glanz war rings um sie her, und mitten im Feuer war es wie blinkendes Kupfer. Und mitten darin war etwas wie vier Gestalten; die waren anzusehen wie Menschen. Und jede von ihnen hatte vier Angesichter und vier Flügel. Und ihre Beine standen gerade, und ihre Füße waren wie Stierfüße und glänzten wie blinkendes, glattes Kupfer. Und sie hatten Menschenhände unter ihren Flügeln an ihren vier Seiten; die vier hatten Angesichter und Flügel. Ihre Flügel berührten einer den andern. Und wenn sie gingen, brauchten sie sich nicht umzuwenden; immer gingen sie in der Richtung eines ihrer Gesichter. Ihre Angesichter waren vorn gleich einem Menschen und zur rechten Seite gleich einem Löwen bei allen vieren und zur linken Seite gleich einem Stier bei allen vieren und hinten gleich einem Adler bei allen vieren. Und ihre Flügel waren nach oben hin ausgebreitet; je zwei Flügel berührten einander, und mit zwei Flügeln bedeckten sie ihren Leib. Immer gingen sie in der Richtung eines ihrer Angesichter; wohin der Geist sie trieb, dahin gingen sie; sie brauchten sich im Gehen nicht umzudrehen. Und in der Mitte zwischen den Gestalten sah es aus, wie wenn feurige Kohlen brennen, und wie Fackeln, die zwischen den Gestalten hin- und herfuhren. Das Feuer leuchtete, und aus dem Feuer kamen Blitze. Und die Gestalten liefen hin und her, daß es aussah wie Blitze.

Als ich die Gestalten sah, siehe, da stand je ein Rad auf der Erde bei den vier Gestalten, bei ihren vier Angesichtern. Die Räder waren anzuschauen wie ein Türkis und waren alle vier gleich, und sie waren so gemacht, daß ein Rad im andern war. Nach allen vier Seiten konnten sie gehen; sie brauchten sich im Gehen nicht umzuwenden. Und sie hatten Felgen, und ich sah, ihre Felgen waren voller Augen ringsum bei allen vier Rädern. Und wenn die Gestalten gingen, so gingen auch die Räder mit, und wenn die Gestalten sich von der Erde erhoben, so hoben die Räder sich auch empor."

Der Bibeltext geht in diesem Stil weiter. Wir glauben, dies genügt, um zu vermuten, daß der Mann geträumt hat oder kraft seines Berufs als „Prophet" absichtlich gesponnen hat, um bei seinen Anhängern Eindruck zu schinden. Aber solches heute noch als Religion zu verkaufen, das ist doch wirklich eine Zumutung!

Die orientalisch-blumenreiche Sprache geht bei *Hes. 2, 9* weiter:

„Und ich sah, und siehe, da war eine Hand gegen mich ausgestreckt, die hielt eine Schriftrolle ... Und er sprach zu mir: Du Menschenkind, iß, was du vor dir hast!

Iß diese Schriftrolle und geh hin und rede zum Hause Israel! Da tat ich meinen Mund auf, und er gab mir die Rolle zu essen ..."

Da werden natürlich alle „Gläubigen" den Standpunkt vertreten, dieser Text sei nicht wörtlich zu nehmen. Wir meinen dagegen: Wenn dies nicht wörtlich genommen werden soll, warum kann man dann nicht gleich die ganze Bibel verwerfen?

Der Hesekiel muß von Zeit zu Zeit doch lichte Momente gehabt haben, in denen er seinen allgemeinen Zustand erkannt hat *(Hes. 3, 15)*:

„... und setzte mich zu denen, die dort wohnten, und blieb dort unter ihnen sieben Tage ganz verstört."

Aber dann schlug auch schon wieder sein eigentliches Bedürfnis durch; und die es nicht glauben wollen, lesen bei *Hes. 4, 11* nach:

„Das Wasser sollst du auch abgemessen trinken, nämlich den sechsten Teil von einer Kanne; so viel darfst du von einem Tag zum andern trinken. Gerstenfladen sollst du essen, die du **vor den Augen der Leute auf Menschenkot backen sollst** ... Er sprach zu mir: Siehe, ich will dir Kuhmist statt Menschenkot zulassen, dein Brot darauf zu backen."

Und was werden die frommen Leute daraus machen? Alles nur bildlich und symbolisch?

Wir möchten Ihnen ein paar Verse nicht vorenthalten. Hier ist das Rezept für die Sylvester-Knallkörper, die in Süddeutschland einen ganz besonderen Namen haben, den wir aber nicht preisgeben dürfen *(Hes. 5)*:

„Und du, Menschenkind, nimm ein scharfes Schwert und brauche es als Schermesser und fahr damit über dein Haupt und deinen Bart und nimm eine Waage und teile das Haar: ein Drittel sollst du mit Feuer verbrennen mitten in der Stadt, wenn die Tage der Belagerung um sind; ein anderes Drittel nimm und schlag's mit dem Schwert ringsumher; das letzte Drittel streue in den Wind, und ich will hinter ihnen her das Schwert ziehen. Nimm aber ein klein wenig davon und binde es in deinen Mantelzipfel. Und nimm noch einmal etwas davon und wirf's ins Feuer und verbrenne es; davon soll ein Feuer ausbrechen über das ganze Haus Israel."

Wir haben einen Pfarrer um Auslegung dieser „Heiligen Worte" gebeten. Er blieb sprachlos!

Später predigt Hesekiel gegen Andersgläubige Mord und Totschlag *(Hes. 9, 3)*:

„Und die Herrlichkeit des Gottes Israels erhob sich ... aber sprach er, so daß ich es hörte: Geh ihm nach durch die Stadt und schlag drein; eure Augen sollen ohne Mitleid blicken und keinen verschonen. **Erschlagt Alte, Jünglinge, Jungfrauen, Kinder und Frauen, schlagt alle tot** ... Und er sprach zu ihnen: Macht den Tempel unrein, füllt die Vorhöfe mit Erschlagenen; dann geht hinaus! Und sie gingen hinaus und erschlugen die Leute in der Stadt. Und als sie die erschlagen hatten, war ich noch übrig."

Hesekiel muß zeitweise an religiösem Wahn gelitten haben. Anders ist dies wohl kaum zu erklären *(Hes. 10)*:

„Und ich sah, und siehe, an der Himmelsfeste über dem Haupt der Cherubim glänzte es wie ein Saphir, und über ihnen war etwas zu sehen wie ein Thron. Und er sprach zu dem Mann in dem Kleid von Leinwand: Geh hinein zwischen das Räderwerk unter dem Cherub und fülle deine Hände mit glühenden Kohlen ..."

In diesem Stil verläuft der Text der nächsten Bibelseiten.

Das Kapitel 16 spricht in einem Vergleich: „Jerusalem - ein treuloses Weib." Man ist versucht, einen Vergleich zur Lage im heutigen Deutschland (1990) zu ziehen. Hier ein Ausschnitt *(Hes.16, 23)*:

„Und nach all diesen deinen Übeltaten - o weh, weh dir! spricht Gott der HERR - bautest du dir einen Hurenaltar und machtest dir ein Lager darauf an allen Plätzen. An jeder Straßenecke bautest du dein Hurenlager und machtest deine Schönheit zum Abscheu. Du spreiztest deine Beine für alle, die vorübergingen, und triebst viel Hurerei. Zuerst triebst du Hurerei mit den Ägyptern, deinen Nachbarn voller Geilheit, und triebst viel Hurerei, um mich zu reizen. Ich aber streckte meine Hand aus gegen dich und entzog dir einen Teil meiner Gaben und gab dich preis der Willkür deiner Feinde, der Töchter der Philister, die sich schämten über dein schamloses Treiben. Danach triebst du Hurerei mit den Assyrern, weil du nicht satt geworden warst; ... da triebst du noch mehr Hurerei mit dem Krämerland Chaldäa; doch auch da wurdest du nicht satt ... daß du deinen Hurenaltar bautest an allen Straßenecken und dir ein Hurenlager machtest auf allen Plätzen! Dazu warst du nicht wie sonst eine Hure; denn du hast ja Geld dafür verschmäht. Du Ehebrecherin, die du dir Fremde anstelle deines Mannes nimmst! Allen anderen Huren gibt man Geld; **du aber gibst allen deinen Liebhabern noch Geld dazu** und kaufst sie, **damit sie von überall her zu dir kommen** und mit dir Hurerei treiben. So ist es bei dir mit deiner Hurerei umgekehrt wie bei andern Weibern, weil man dir nicht nachläuft und dir nicht Geld gibt, sondern du noch Geld dazugibst; bei dir ist es also umgekehrt."

Endlich einmal eine brauchbare Stelle im A. T. Es lohnt sich, darüber nachzudenken! Es ist ein Spiegelbild Deutschlands!

Die Grausamkeit scheinen alle „Propheten" gepachtet zu haben. Sie gehörte wohl zu ihrem Geschäft *(Hes. 21, 8)*:

„.... So spricht der HERR: Siehe, ich will an dich; ich will mein Schwert aus der Scheide ziehen und will in dir ausrotten Gerechte und Ungerechte. Weil ich denn in dir Gerechte und Ungerechte ausrotte, darum soll mein Schwert aus der Scheide fahren über alles Fleisch vom Südland bis zum Norden hin."

(19): „.... Denn das Schwert wird zweifach, ja dreifach kommen, ein Schlachtschwert, ein großes Schlachtschwert, das sie umkreisen wird ..."

Daß es sich hier wieder um reine nationale Interessen handelt, beweisen die Texte bei Hesekiel, in denen alle Nachbarvölker verflucht und ihnen „unschöne" Untergänge geweissagt werden *(Hes. 25, 13)*:

„darum spricht Gott der HERR: Ich will meine Hand ausstrecken gegen Edom und will von ihm **ausrotten** Menschen und Vieh und will es wüst machen ... und sie sollen durchs Schwert fallen."

(16): „... und will die Krether **ausrotten** und will umbringen, die übriggeblieben sind ..."

Hes. 26, 15 gegen Tyrus: „... wenn du fallen wirst mit Getöse und deine Verwundeten stöhnen werden und **das Schwert morden wird** in deiner Mitte."

Gegen Sidon *(Hes. 28, 23):* „Und ich will Pest und Blutvergießen in ihre Gassen schicken, und überall sollen in ihr liegen vom Schwert Erschlagene."

Gegen Ägypten *(Hes. 29, 8):* „darum spricht Gott der HERR: Siehe, ich will das Schwert über dich kommen lassen und Menschen und Vieh in dir **ausrotten.**"

Hes. 32, 20: „Sie werden fallen mitten unter denen, die mit dem Schwert erschlagen sind."

(22): „da liegt Assur mit seinem ganzen Volk, ringsherum seine Gräber, sie alle erschlagen und durchs Schwert gefallen."

Es ist erstaunlich, daß sich Juden wie Christen an solchen Texten erbauen können. Oder vorenthält man den jüdisch-christlichen „Gläubigen" diese Bibelstellen? Eine Revolution wäre längst fällig!

In *Hes. 35, 6* ist Edom noch einmal dran:

„darum, so wahr ich lebe, spricht Gott der HERR, will ich auch dich bluten lassen, und du sollst dem Blutbad nicht entrinnen."

(8): „Und ich will seine Berge mit Erschlagenen füllen, seine Hügel, seine Täler und alle seine Bachläufe - überall sollen vom Schwert Erschlagene liegen."

Bei *Hes. 38, 22* wird der Haß gegen Gog aus Magog dem jüdischen Gott in den Mund gelegt:

„Und ich will ihn richten mit Pest und Blutvergießen und will Platzregen und Hagel, Feuer und Schwefel über ihn und sein Heer und über die vielen Völker kommen lassen, die mit ihm sind."

Von den „Gläubigen" werden oft der einmalig gute Stil und die zu Herzen gehende Sprache der Bibel gelobt. *Hes. 39, 17* liefert ein Beispiel von vielen:

„Du Menschenkind, spricht Gott der HERR: Sage den Vögeln, allem was fliegt, findet euch zusammen von überall her zu meinem Schlachtopfer, das ich euch schlachte, einem großem Schlachtopfer auf den Bergen Israels, und freßt Fleisch und sauft Blut! Fleisch der Starken sollt ihr fressen, und Blut der Fürsten auf Erden sollt ihr saufen, der Widder und Lämmer, der Böcke und Stiere, all des Mastviehs aus Basan. Und ihr sollt Fett fressen, bis ihr satt werdet, und Blut saufen, bis ihr trunken seid von dem Schlachtopfer, das ich euch schlachte."

Über die restlichen Seiten des „Propheten" Hesekiel genügt die Bemerkung, daß sie Plagiate aus anderen Büchern sind, hauptsächlich von Moses.

*

Mit dem „Propheten" Daniel

sind wir beim Aufschneider der Nation, dem Angeber des „auserwählten Volkes", angekommen. Vielleicht sollte man ihn auch als Märchenerzähler einstufen. Er lebte angeblich in der babylonischen Gefangenschaft. Dort soll er es mit Weissagungen vor dem König und einem Intellegenztest, bei dem er als Bester abgeschnitten hätte, sich im Reiche des Königs eine überragende Stellung verschafft haben, ohne sich zu assimilieren. Das heißt, er hatte nicht die Absicht, im Volk der Babylonier, der Perser, aufzugehen. Er nutzte das Gastvolk aus, um die Ziele des „auserwählten Volkes" zu verfolgen.

Die Märchen über seine Zeit in der Gefangenschaft sind haarsträubend. Normalerweise würden sie als glatte Erfindungen abgetan worden sein. Nur als Inhalt einer Religion lassen sie sich ohne Schwierigkeiten verkaufen.

Wie dicht nationales und religiöses Denken und Trachten beieinander liegen, verdeutlicht *Dan. 7, 27*:

„Aber das Reich und die Macht und die Gewalt über die Königreiche unter dem ganzen Himmel wird dem Volk der Heiligen des Höchsten gegeben werden, dessen Reich ewig ist, und alle Männer werden ihm dienen und gehorchen."

*

Der „Prophet" Hosea

geht angeblich mit seinem eigenen Volk ins Gericht. Religiöser Wahn und andere ungute Gedanken sind auch hier gut zu erkennen *(Hos. 14, 1)*: „Samaria wird wüst werden; denn es ist seinem Gott ungehorsam. Sie sollen durchs Schwert fallen und ihre **kleinen Kinder zerschmettert** und ihre **Schwangeren aufgeschlitzt** werden."

*

Den „Propheten" Joel

brauchen wir nur zur Klarstellung eines Zitats *(Joel 4, 10)*:
„Macht aus euren Pflugscharen Schwerter und aus euren Sicheln Spieße!"

*

Der „Prophet" Amos

ist ein echter Vertreter der Hebäer, vor allem, wenn er über „Gottes unabwendbares Gericht gegenüber Israels Nachbarn" spricht *Amos 1, 2*:

„... Der HERR wird aus Zion brüllen ... Und ich will die Riegel von Damaskus zerbrechen und die Einwohner aus Bikath-Awen und den, der das Zepter hält, aus Beth-Eden **ausrotten.**

(7) „... ich will ein Feuer in die Mauern von Gaza schicken, das soll seine Paläste verzehren. Und ich will die Einwohner aus Asdod und den, der das Zepter hält, aus Askalon **ausrotten** und meine Hand gegen Ekron wenden, und es soll umkommen, was von den Philistern noch übrig ist, spricht Gott der HERR."

(9) „So spricht der HERR: „... ich will ein Feuer in die Mauern von Tyrus schicken, das soll seine Paläste verzehren."

(11) „So spricht der HERR: ... ich will ein Feuer schicken nach Teman, das soll die Paläste von Bozra verzehren."

(13) „So spricht der HERR: ... ich will ein Feuer anzünden in den Mauern Rabbas ... Da wird dann ihr König samt seinen Oberen gefangen weggeführt werden ..."

Amos 2: „So spricht der HERR: ... und Moab soll sterben im Getümmel und Geschrei und Posaunenhall. Und ich will den Herrscher unter ihnen ausrotten und alle ihre Oberen samt ihm töten, spricht der HERR."

So sieht die jüdisch-christliche Religion der Nächstenliebe aus!

*

Unter Obadja

ist der „Prophet" mit dem wenigsten Text aufgeführt. Dennoch ist seine Aussage bezeichnend für Charakter und Absichten des „auserwählten Volkes":

(8) „Was gilt's? spricht der HERR, ich will zur selben Zeit die Weisen in Edom zunichte machen und die Klugheit auf dem Gebirge Esau. Auch deine Starken, Teman, sollen verzagen, auf daß alle auf dem Gebirge Esau **ausgerottet** werden durch Morden."

*

Jona

erscheint im Bibeltext ebenfalls nur sehr kurz, dennoch haben viele von ihm gehört. Es handelt sich um das 3-Tage-Erlebnis im Bauch des Walfisches. Ein typisch orietalischer Märchenerzähler, der als Teil einer Religion heute noch seinen Marktwert hat. Besonders beim Konfirmanden-Unterricht!

*

Bei Micha

finden wir die schon bekannte Einstellung *(Micha 5, 7):*

„Ja, die Übriggebliebenen aus Jakob werden unter den Heiden inmitten vieler Völker sein wie ein Löwe unter den Tieren im Walde, wie ein junger Löwe unter einer Herde Schafe, dem niemand wehren kann, wenn er einbricht, zertritt und zerreißt. Denn deine Hand wird siegen gegen alle deine Widersacher, daß alle deine Feinde **ausgerottet** werden."

Deutlicher als es dieser Text verrät, kann man es gar nicht sagen! Nur, die Schafe merken gar nicht, was da gespielt wird!

*

Auch bei Nahum

lesen wir trotz der Kürze über die ... Drohungen, die gegen Ninive ausgestoßen werden *(Nah. 3, 3):*

„Reiter rücken herauf mit glänzenden Schwertern und mit blitzenden Spießen. Da liegen viele Erschlagene, **eine Unzahl von Leichen;** ihrer ist kein Ende, so daß man über sie fallen muß."

*

Bei dem „Propheten" Zephanja

lesen wir unter der Überschrift „Mahnung zur Demut" folgende undemütigen Zitate *(2, 4):*

„Denn Gaza wird verlassen und Askalon verwüstet werden. Asdod soll am Mittag vertrieben und Ekron ausgewurzelt werden."

(5): „... du Kanaan, der Philister Land; ich will dich **umbringen,** daß niemand mehr da wohnen soll."

(9): „Wohlan, so wahr ich lebe! spricht der HERR Zebaoth: Moab soll wie Sodam und die Ammoniter wie Gemorra werden, ... Die Übriggebliebenen meines Volkes sollen sie berauben, und der Rest von meinem Volk soll sie beerben."

(12): „Auch ihr Kuschiter sollt durch mein Schwert **erschlagen** werden. Und der HERR wird seine Hand ausstrecken nach Norden und Assur **umbringen."**

Noch einmal: Das sind Worte der Bibel, die zur Demut mahnen!

*

Sacharja

gehört, wie alle anderen „Propheten" zu denen, die nach unseren Empfindungen wenig mit Menschenfreundlichkeit und echter Frömmigkeit am Hut haben. Lesen wir *Sach. 9, 5:*

„... Es wird aus sein mit dem König von Gaza, und in Askalon wird man nicht mehr wohnen, und in Asdod werden Mischlinge wohnen. Und ich will die Pracht der Philister ausrotten."

Gegen Griechenland wird unter der zahmen Überschrift „Verheißung des messianischen Friedensreiches" gewettert *(14):*

„Und der HERR wird über ihnen erscheinen, und seine Pfeile werden ausfahren wie Blitze, und Gott der HERR wird die Posaune blasen und wird einherfahren in den Stürmen von Südland. Der HERR Zebaoth wird sie schützen, und die Schleudersteine werden fressen und niederwerfen und Blut trinken wie Wein und voll davon werden wie die Becken des Altars."

Tod und Vernichtung sind die Spuren des „auserwählten Volkes" *(Sach. 11, 2):*

„Heult, ihr Zypressen; denn die Zedern sind gefallen und die Herrlichen vernichtet. Heult, ihr Eichen Basans; denn der feste Wald ist umgehauen. Man hört die Hirten heulen, denn ihre Herrlichkeit ist vernichtet; man hört die jungen Löwen brüllen, denn die Pracht des Jordan ist vernichtet."

Und unter „Gottes Schutz für Jerusalem" lesen wir bei *Sach. 12, 5:*

„Und die Fürsten in Juda werden sagen in ihrem Herzen: Die Bürger Jerusalems sollen getrost sein in dem HERRN Zebaoth, ihrem Gott! Zu der Zeit will ich die

Fürsten Judas machen zum Feuerbecken mitten im Holz und zur Fackel im Stroh, daß sie verzehren zur Rechten und zur Linken alle Völker ringsumher."

Beim Kampf gegen falsche Propheten empfiehlt *Sacharja 13, 3:*

„... Du sollst nicht am Leben bleiben, denn du redest Lüge im Namen des HERRN! Und es werden Vater und Mutter, die ihn gezeugt haben, ihn durchbohren, wenn er als Prophet auftritt."

Und so soll es allen ergehen, die sich gegen das „auserwählte Volk" wehren *(Sach. 14, 12):*

„Und dies wird die Plage sein, mit der der HERR alle Völker schlagen wird, die gegen Jerusalem in den Kampf gezogen sind: ihr Fleisch wird verwesen, während sie noch auf ihren Füßen stehen, und ihre Augen werden in ihren Höhlen verwesen und ihre Zungen im Mund."

*

Maleachi

hat zwar nicht die Gesetze zur Nichtvermischung seines Volkes erfunden, aber er hat sie kräftig verfochten *(2, 11):*

„... Denn Juda entheiligt, was dem HERRN heilig ist und was er lieb hat, und freit eines fremden Gottes Tochter. Aber der HERR wird den, der solches tut, **ausrotten** aus den Zelten Jakobs mit seinem ganzen Geschlecht, auch wenn er noch dem HERRN Zebaoth Opfer bringt."

*

Schlußfolgerung

Nach allem, was wir hier über das Alte Testament erfahren haben, wissen wir, daß es sich um eine Erfindung handelt.

Zum andern muß man sich fragen, warum in der Welt überhaupt soviel Aufhebens um ein Buch gemacht wird, das inhaltlich so widersprüchlich und hinsichtlich Moral und Ethik auf so tiefem Niveau liegt.

Außerdem ist es erstaunlich, warum Luther bei der Übersetzung ins Deutsche nicht alles in die Ecke geworfen hat. Da er es aber nicht tat, erkennen wir, wie sehr die Menschen allein durch Gewohnheit und Erziehung zu beeinflussen sind, besonders dann, wenn es um vermeintlich religiöse Dinge geht, so daß dann sogar gelegentlich gegen jede Vernunft gehandelt wird.

Dieser sogenannte Glaube an alles, was mit der jüdisch-christlichen Religion zusammenhängt, ist im Grunde genommen ein ... Man erkennt dies bis in die heutige Zeit, wenn wir beobachten, wie z. B. Fußballer aus katholischen Ländern oft genug vor Beginn des Spiels sich bekreuzigen. Ebensogut könnte man darauf bedacht sein, nicht mit dem linken Fuß zuerst aus dem Bett gekommen zu sein, um den Tag damit zu entschärfen. Wir wissen, daß wir mit der Erwähnung der Bekreuzigung bereits beim Neuen Testament angekommen sind. Ein Bericht hierüber wird folgen.

Wir haben beim Studium des Alten Testaments entdeckt, daß es sich hier lediglich um Religion als Hilfsmittel eines Volkes handelt, sich mit allen Mitteln Vorteile zu verschaffen gegenüber anderen Völkern.

Über die Qualität an sich lassen wir den jüdisch-amerikanischen Psychiater William Hirsch sprechen. Er weist Moses und den Propheten die Geisteskrankheit Paranoia in allerschwerster Form nach. In seinem Werk „Religion und Zivilisation" (München 1910) fällt er auf Seite 636 ein vernichtendes Urteil:

„Es liegt etwas ungeheuer Tragisches darin, ... daß die Menschheit Jahrtausende lang die Krankheitssymptome einiger geisteskranker Juden zu ihren Idealen erhoben hat."

Wir sollten aber auch daran denken, daß, wie am Anfang deutlich betont wurde, es sich hier um nur e i n e Lesart oder Fassung des A. T. handelt. Da es im Urtext keine Vokale gibt, ist eine vieltausendfache unterschiedliche Übersetzung möglich. Und was dabei alles herauskommen könnte, das wäre mit dem uns vorliegenden Text der Bibel bestimmt nicht annähernd zu vergleichen.

Es wird ein langer Weg sein, die Menschen über das A. T. aufzuklären. Denn sie werden mit den Schrecken vor der Hölle und der Angst vor dem Fegefeuer bereits von der Taufe an zur Abhängigkeit gezwungen.

Wir hoffen, daß sich die Menschen von dieser Fessel der Entmündigung endlich befreien.